INTERVISTE A SCRITTORI LEGGENDARI DELL'ALDILÀ

Cathy McGough

Stratford Living Publishing

Cosa dicono i lettori...

"Leggete questo libro e, così facendo, aggiungerete un'altra dimensione al vostro piacere e alle opere di questi grandi autori. Grazie a un'attenta ricerca e a un po' di immaginazione, Cathy McGough li fa rivivere tutti. Dopo aver letto questo libro, il lettore avrà sempre l'impressione di essere in contatto con le parole del suo scrittore preferito. Non si limiterà a leggere le sue opere, ma godrà di quella dimensione in più: la sensazione di essere letto da lui".

A. R. (David) Lewis, autore di: "L'albero delle tazze e dei piattini" e "Un campo di papaveri rossi".

"Sono cresciuto apprezzando gli scritti sinceri di questi poeti e autori! Molte volte ho desiderato di poterli conoscere come le persone stesse al di fuori delle loro parole sulla carta. Cathy McGough ha fatto sì che questo accadesse!".

"Mi è piaciuto molto il formato dell'intervista e i pezzi di vita dei poeti e degli autori che non conoscevo. Mi sono piaciuti i divertenti intermezzi con Madame Delatour e il narratore. Anche se ho incontrato e letto quasi tutti gli autori/poeti di questo libro, ho imparato qualcosa di nuovo o di divertente su ognuno di loro e ne ho trovato uno che desidero leggere!"

"Una raccolta affascinante e coinvolgente di biografie di autori. Cathy McGough presenta i grandi con l'aiuto della sensitiva Madame Delatour. Ogni intervista scatta con l'elettricità di una seduta spiritica quando gli eteri si aprono per rivelare un altro autore che torna per una chiacchierata amichevole. Cathy cattura l'essenza degli scrittori, facendo emergere i loro punti di forza e le loro vulnerabilità. Ogni entità è ovviamente familiare e cara al suo cuore. Questo libro è una lettura imperdibile per conoscere autori famosi in modo memorabile o semplicemente per celebrarli".
Jo Janoski, autrice di: "Tè e cioccolatini" e "Fedeli". Fotografo, Janoski Studio Pittsburgh Photography

"La scrittrice ha fatto un'incredibile quantità di ricerche sulle vite e gli scritti di eminenti poeti e scrittori e le ha presentate in modo intelligente, includendo interviste immaginarie e una coinvolgente raccolta di scritti. La presentazione umoristica degli aneddoti ha catturato la mia immaginazione e la mia attenzione dall'inizio alla fine".

"Un delizioso primer per qualsiasi lettore interessato a conoscere alcuni dei più grandi scrittori di lingua inglese del mondo. Pieno di fatti storici accuratamente studiati, la consegna umoristica e gli aneddoti sorprendenti mi hanno fatto girare le pagine. Un'altra cosa che ho apprezzato molto sono state le descrizioni fisiche dell'autore. Dall'umorismo di Stephen Leacock all'ispirazione di Rudyard Kipling, questo libro è stato una lettura favolosa".

"Una miscela di storia e letteratura. Lo stile unico di Cathy McGough cattura l'immaginazione. Vi porta nel regno dei più grandi autori che il mondo abbia conosciuto. È un'avventura che non dimenticherete".
Walter L. Jones, proprietario del Jones Outlet

"Un lavoro eccellente che trasforma le biografie di nomi iconici della letteratura in una raccolta interessante e incredibile. È stata una lettura divertente che ha catturato la mia immaginazione e ha mantenuto la mia attenzione fino alla fine. Consigliato a tutti i topi di biblioteca!".

"Un sacco di duro lavoro è stato fatto in questo libro. Mi è piaciuta soprattutto l'intervista a Edgar Allan Poe. Sarebbe utile per gli studenti delle scuole superiori per aiutarli a conoscere i giganti del mondo letterario".

"Sono un poeta, quindi ho apprezzato che la signora McGough abbia dato un posto di rilievo ai poeti in questo libro che usa l'umorismo per mettere in evidenza questi "scrittori leggendari"".

Recensore Amazon

"Una lettura obbligata per tutti coloro che sono autentici amanti della letteratura!".

Indice dei contenuti

Introduzione

"Questo libro farà di te un viaggiatore".
John Bunyan. The Pilgrim's Progress

Cari lettori,

vorrei cogliere l'occasione per ringraziare personalmente due dei miei insegnanti preferiti del liceo. Sono il signor Mavor e il signor Hurley. Entrambi alla Central Secondary High School di Stratford, Ontario, Canada. Tra i due, mi hanno fatto conoscere gli scritti di molti degli scrittori che ho intervistato per il mio libro.

Sarei negligente se non ringraziassi anche il Festival di Stratford. Avere l'opportunità di vedere il teatro dal vivo proprio davanti alla porta di casa mia per tutta la vita è stato un privilegio e un onore.

Spero che vi piaccia leggere le mie interviste, così come è piaciuto a me scriverle!

Buona lettura!

Cathy McGough

La vostra intervistatrice di scrittori leggendari dell'aldilà

Premessa

DI CHRISTOPHER INGHAM M Ed., B Ed., TSTC

È un triste commento sullo stato della letteratura contemporanea il fatto che raramente si incontrino testi critici o biografici che riflettano l'illimitata gioia che chi di noi ha avuto la fortuna di essere adolescente negli anni Sessanta ha provato quando ha scoperto per la prima volta scrittori del calibro di Dickens, Wilkie Collins, Dostoevskij, Coleridge e Poe.

Con la possibile eccezione di Harold Bloom, la maggior parte degli scritti su quella che a noi, politicamente scorretti, piace definire "grande letteratura" sembra avere una base ideologica.

Si ha il sospetto che i critici moderni siano talmente imbrigliati dalle esigenze dell'ortodossia accademica corrente da aver perso la capacità di deliziarsi con le opere degli "scrittori leggendari" o da avere troppa paura di lasciarsi immergere nei mondi immaginativi creati da questi scrittori. Allo stesso modo, sembra che anche i biografi sentano il bisogno di collocare le vite di questi scrittori in una sorta di contesto ideologico che si suppone informi la loro scrittura, al punto che il potere immaginativo della loro arte viene spesso svalutato.

Essendo diventata così cinica sulla natura delle risposte critiche e biografiche contemporanee agli "scrittori leggendari", in particolare a quelli del XIX secolo, sono rimasta piacevolmente sorpresa quando mi sono imbattuta nell'affascinante opera di Cathy McGough dal titolo "Interviews With Legendary Writers from Beyond".

Ecco finalmente una scrittrice che non ha paura di condividere il suo piacere per le vite e le opere di coloro che le hanno procurato così tanto piacere nel corso della sua vita di lettrice. Ho iniziato a conoscere e a comprendere ciascuno dei suoi argomenti, tanto da leggere il libro da cima a fondo in poco più di una seduta.

Sebbene ci siano molti aspetti meravigliosi in questo libro, devo commentarne tre che spiccano. In primo luogo, la tecnica di usare Madame Delatour, una medium, come mezzo per portare in vita gli scrittori leggendari dell'aldilà funziona molto bene e, dato l'interesse dei vittoriani per lo spiritismo, questa tecnica aggiunge un'altra dimensione all'opera.

In secondo luogo, l'interazione immaginativa di Cathy con gli scrittori in parti del mondo che sono reali e importanti per lei, contribuisce a creare un senso di immediatezza che è cruciale nel portare in vita queste figure del passato.

In terzo luogo, e soprattutto, è il modo in cui, incoraggiando gli scrittori non solo a parlare di se stessi e della loro scrittura, ma anche a leggere e presentare parti del loro lavoro, Cathy ha trovato un modo per far conoscere ai lettori le opere di ogni scrittore con cui potrebbero non avere familiarità. Inoltre, l'elenco delle opere preferite di ogni scrittore dovrebbe incoraggiare il lettore a esplorare alcune di queste opere.

Credo che questo libro sarà un riferimento preziosissimo non solo per gli insegnanti e gli studenti, ma anche per quei lettori che in passato hanno perso le opere di questi "scrittori leggendari" e che ora possono essere incoraggiati a condividere il piacere e l'entusiasmo di Cathy per il genio creativo di questi straordinari scrittori. Consiglierò sicuramente questo libro ai miei studenti di letteratura dell'11° e 12° anno.

Non posso concludere questa prefazione senza esortare Cathy a espandere e ampliare questo libro intervistando scrittori come Thomas Hardy, D. H. Lawrence, le sorelle Bronte e Jane Austen. Naturalmente, ancora più affascinante sarebbe un incontro tra Robert Browning, che era così scettico nei confronti dello spiritismo da scrivere la meravigliosa poesia Mr,

"Il medium". Un incontro tra Browning, Cathy e Madame Delatour sarebbe affascinante.

Christopher Ingham M Ed., B Ed., TSTC

Direttore di Inglese presso l'Hamilton and Alexandra College, Victoria, Australia, e poeta nel tempo libero. poeta nel tempo libero.

LORD TENNYSON E IO

QUESTA INTERVISTA è DEDICATA alla mia cara nonna Mabel Cahill che mi ha fatto conoscere la poesia di Lord Tennyson.

Buongiorno a tutti! Oggi avremo l'onore di ricevere la visita di un ospite molto speciale, Alfred, Lord Tennyson, che presto si unirà a noi!

Lord Tennyson nacque nel 1809 e visse fino al 1892. A soli trentatré anni era famoso come una rockstar o un attore cinematografico. Riceveva lettere da donne di tutto il mondo, giovani e meno giovani, innamorate del suo uso magistrale della lingua inglese (per non parlare del suo bell'aspetto).

Ma non erano solo le donne ad amare le opere di Lord Tennyson. Immaginate i giovani soldati che recitano questa poesia mentre vengono condotti in battaglia:

LA CARICA DELLA BRIGATA LEGGERA
Mezza lega, mezza lega,
mezza lega in avanti,
Tutti nella valle della morte
Cavalcavano i seicento.
Avanti, brigata leggera!
Carica per i cannoni!", disse:
Nella valle della morte
cavalcò la seicento.
Avanti, brigata leggera!
C'era forse un uomo sgomento?
No, anche se il soldato sapeva che
che qualcuno aveva commesso un errore:
Non dovevano rispondere,
non per spiegare il perché,
loro solo di fare e morire:
Nella valle della morte
cavalcarono i seicento.
Cannone alla loro destra,
Cannone a sinistra,
cannoni davanti a loro
Volteggiavano e tuonavano
tempestati di colpi e di granate
Cavalcavano audacemente e bene,
nelle fauci della Morte,
nella bocca dell'inferno
cavalcarono i seicento.
Lampeggiavano tutte le loro sciabole scoperte,
lampeggiavano mentre giravano in aria,

colpendo a sciabola gli artiglieri,
caricando un esercito, mentre
Tutto il mondo si meravigliava:
Immersi nel fumo della batteria
hanno sfondato la linea;
Cosacchi e russi
si sono ribellati ai colpi di sciabola
distrutti e distrutti.
Poi tornarono indietro, ma non,
Non i seicento.
I cannoni a destra di loro,
a sinistra i cannoni,
cannoni dietro di loro
Volteggiavano e tuonavano;
tempestati di colpi e di granate,
mentre cavalli ed eroi cadevano,
Quelli che avevano combattuto così bene
sono arrivati attraverso le fauci della Morte
dalla bocca dell'inferno,
Tutto ciò che era rimasto di loro,
di seicento.
Quando potrà svanire la loro gloria?
Oh, la carica selvaggia che fecero!
Tutto il mondo si stupì.
Onorate la carica che fecero!
Onore alla Brigata Leggera,
Nobili seicento! (1)

Se avete ancora dei dubbi sulla potenza della scrittura di Lord Tennyson, avvicinatevi e vi racconterò una storia su di lui che non dimenticherete mai!

Immaginate questo: Un capitano militare dell'esercito britannico che infila frettolosamente una copia delle poesie di Lord Tennyson nel taschino dell'uniforme e poi si precipita sul campo di battaglia dove viene colpito da un proiettile. Cade a terra, stringendosi il petto e aspettando il dolore. Non succede nulla. Si mette in tasca, tira fuori il libro e scopre un proiettile conficcato nella copertina.

Sarebbe sbagliato dire che le parole di Lord Tennyson hanno salvato la vita di un uomo? Non credo!

Lord Tennyson viveva nella foresta di Epping, in Inghilterra, e il suo momento preferito della giornata era la mattina presto, quando faceva una passeggiata solitaria. Spero che non gli dispiaccia se oggi mi unisco a lui per passeggiare lungo lo splendido fiume Cooks.

Poiché Lord Tennyson non sarà vestito in modo adeguato per farsi vedere in pubblico quando arriverà, mi sono presa la libertà di acquistare una tuta da ginnastica per lui dal negozio di seconda mano della St. Vincent de Paul. Sono anche riuscita a procurarmi un paio di scarpe da ginnastica Adidas e Nike e un paio di sandali Jesus "per ogni evenienza" dal nostro negozio locale dell'Esercito della Salvezza.

Alle 7 del mattino, Madame Delatour si è alzata in piedi, agitando le braccia, mentre le sue vesti fluttuavano e i suoi orecchini tintinnavano come campane a vento. Una volta ripresasi dall'incidente di cui si parlava prima (a proposito di Jack lo Squartatore), non ci volle molto prima che riuscisse a contattare Lord Tennyson. Ho aspettato con ansia che si materializzasse - ancora affascinata dal processo -.

Quando ecco che Lord Tennyson, forse il più grande poeta lirico mai esistito, era in piedi davanti a me.

Era alto e potevo capire perché era stato paragonato a Ercole e ad Apollo. (2) I suoi occhi erano caldi, all'ombra delle noci. Aveva un naso lungo e distinto e capelli ricci e folti, sui quali Dalila avrebbe voluto mettere le mani. Era vestito con un lungo gilet nero, pantaloni neri, stivali alti e una cravatta grigia. Aveva una calma eleganza che mi fece venire voglia di fare un inchino. Quando gli allungai la mano, la baciò delicatamente e poi fece lo stesso con quella di Madame Delatour. Lord Tennyson era un vero seduttore.

Gli spiegai la mia idea di unirmi a lui per una passeggiata mattutina e gli chiesi se gli sarebbe dispiaciuto indossare un costume adatto all'anno 2002. Accettò con entusiasmo.

Quando si è riunito a noi, la trasformazione è stata sorprendente. Lord Tennyson era piuttosto elegante nei suoi nuovi abiti. Ha commentato la morbidezza dei tessuti e ha detto di sentirsi a suo agio con il nuovo abbigliamento. La tuta e i sandali Jesus gli stavano a pennello.

Ho spinto l'apriporta del garage con il telecomando mentre scendevamo le scale ed entravamo nel nostro garage buio. Lord Tennyson esclamò a gran voce "Il cielo si muove!" quando vide la porta alzarsi come una tenda, invitandoci a esplorare Sydney. Quando raggiungemmo il centro del garage, Lord Tennyson si prese diversi minuti per esaminare la nostra Honda Legend, facendo domande sul suo scopo. Promisi che, se avessimo avuto tempo, avremmo potuto fare un giro.

Prima di uscire dal garage, Lord Tennyson fece una richiesta. Voleva aprire e chiudere di nuovo la porta del garage. Glielo permisi, ma solo una volta - dopotutto era un aristocratico - e poi ce ne andammo.

D: Molti grandi scrittori erano suoi amici come: Carlyle, Swinburne, Eliot ed Emerson. Ci può indicare uno scrittore che non ha conosciuto, ma che avrebbe voluto conoscere?

R: Non ho mai conosciuto Lord Byron. Avevo quindici anni quando la notizia della sua morte arrivò come una terribile catastrofe a oscurare quel gioioso mattino della mia vita. Su una roccia vicino alla mia casa di famiglia, nel piccolo villaggio di Somersby, ricordo di aver inciso un epitaffio che recitava: "BYRON È MORTO". (3)

D: Ho sentito alcune storie notevoli sul suo lavoro, in particolare su "In Memoriam", che ha scritto per commemorare la morte del suo migliore amico e collega poeta Arthur Hallam. Deve essere stato contento quando la Regina Vittoria l'ha letto.

R: Sì, la Regina Vittoria ricevette una copia del mio libro quando era nel pieno del suo dolore per la perdita del Duca di Wellington. Mi dicono che le sue lacrime caddero su molte righe del mio lavoro mentre leggeva e che le mie parole la confortarono. La piccola signora di Windsor mi fece un grande onore nominandomi Poeta Laureato. Sorrisi e osservai: "Perché dovrei essere egoista e non permettere che venga fatto un onore alla letteratura in mio nome?". (4)

A questo punto della nostra passeggiata, ci stavamo avvicinando al parco dei bambini, e molti stavano correndo su e giù per le scivolose cunette, dondolandosi e arrampicandosi sulle palestre della giungla. I genitori guardavano, sorvegliando e chiacchierando. Lord Tennyson ci chiese se potevamo fermarci a guardare, così ci mettemmo su una panchina del parco.

D: Qual è il suo ricordo d'infanzia preferito?

R: Avevo forse cinque anni, quando il vento inglese di marzo soffiava lungo il giardino. Ricordo che mi lanciai a capofitto contro gli elementi, agitando le mani e gridando: "Sento una voce che parla nella tempesta!". Era una sensazione di potere che qualcuno o qualcosa stava cercando di comunicare con me. Non ho mai provato una tale euforia. (5)

D: So che la spiritualità ha avuto un ruolo molto importante nella sua vita. Può dirmi cosa significa Gesù Cristo per lei?

R: Quello che il sole è per quel fiore, Gesù Cristo è per me. Mi stupisce lo splendore della purezza e della santità di Cristo e la sua infinita bellezza. (6)

D: Potrei convincerla a recitare una poesia per me?

R: Convincere? Mia cara signora, provi a fermarmi!

IL ROCCO
Vengo dai luoghi della folaga e dell'ernia,
Faccio un'improvvisa sortita,
e mi faccio largo tra le felci,
per bisticciare lungo una valle,
Per trenta colline mi affretto a scendere,
o mi infilo tra i crinali,
Per venti spine, una piccola città,
e mezzo centinaio di ponti.
Fino alla fattoria di Phillip, dove mi dirigo
per unirmi al fiume che trabocca,
Perché gli uomini possono venire e gli uomini possono andare,
ma io vado avanti per sempre.
Io chiacchiero su strade sassose,
in piccoli acuti e acuti,
Mi gorgoglio in baie tortuose,
balbetto sui ciottoli.
Con molte curve le mie sponde si agitano
Con molti campi incolti,

e molti avampiedi fiabeschi
di salice e malva.
Io canto, chiacchiero, mentre scorro
per unirmi al fiume che trabocca,
Perché gli uomini possono venire e gli uomini
possono andare,
ma io continuo per sempre.
Mi muovo intorno, entro ed esco,
Con qui un fiore che naviga,
E qui e là una trota lussuriosa,
e qui e là un temolo.
E qui e là un fiocco di schiuma
su di me, mentre viaggio,
Con molti spacchi d'acqua argentati
sopra la ghiaia dorata,
E li attiro tutti lungo il percorso, e scorrono
per unirsi al fiume che trabocca,
Perché gli uomini possono venire e gli uomini
possono andare,
ma io vado avanti per sempre.
Io passo accanto ai prati e agli appezzamenti erbosi,
scivolo tra le coperture di noccioli;
Mi muovo tra i dolci nontiscordardime
che crescono per gli amanti felici.
Scivolo, scivolo, mi rabbuio, guardo,
Tra le mie rondini che sfiorano;
Faccio danzare il raggio di sole a rete
contro le mie secche sabbiose.
Mormoro sotto la luna e le stelle

Nelle zone selvagge di rovi;

Mi soffermo sulle mie sbarre di sabbia,

Mi attardo intorno ai miei crescioni;

E di nuovo mi curvo e fluisco

per unirmi al fiume che trabocca,

Perché gli uomini possono venire e gli uomini possono andare,

ma io vado avanti per sempre. (7)

Dopo la prima strofa, una folla cominciò a radunarsi intorno a noi. I bambini smisero di giocare. I genitori smisero di correre. I gabbiani e le galahs tacevano. Il vento era senza fiato, così come gli alberi. Quando Lord Tennyson terminò la sua recita, nessuno si mosse. C'era silenzio. Un silenzio totale e assoluto.

Avrei voluto gridare "Bis! Bis!", ma sapevo che il tempo scorreva. Li salutammo tutti e continuammo il nostro viaggio attraverso il ponte. Ci siamo fermati a contemplare le nostre riflessioni e ho chiesto:

D: Perché pensi che "In Memoriam" abbia significato tante cose diverse per tante persone diverse?

R: La poesia era più il grido dell'intera razza umana che il mio. Se Dio permette questo forte istinto e questo desiderio universale di un'altra vita, sicuramente questo è in qualche modo una presunzione della sua verità. Non possiamo rinunciare alle grandi speranze che ci rendono uomini. E per quelli di noi che hanno amato e perso, consoliamoci con il pensiero che nulla cammina con i piedi senza meta... Nessuna vita sarà distrutta o gettata come spazzatura nel vuoto, quando Dio avrà fatto il mucchio completo. Noi che siamo stati abbandonati ai nostri dolori e la cui comprensione è quella di un bambino che brancola nella notte, non dobbiamo mai vergognarci di dire a noi stessi: Non abbiamo bisogno di capire; amiamo". (8)

D: Lei e sua moglie Emily avete vissuto quarant'anni di matrimonio. Mi racconta come vi siete conosciuti?

R: È stato quattordici anni prima della pubblicazione di "In Memoriam", quando stavo ancora facendo il mio apprendistato come poeta, quando ho partecipato al matrimonio di mio fratello Charles. Dopo la cerimonia, incontrai una delle damigelle. Era graziosa e gentile, e le sussurrai timidamente: "Oh, damigella felice, fammi diventare una sposa felice". Quando abbiamo festeggiato il nostro 40° anniversario, ho regalato alla mia sposa un rosmarino e delle rose. Quel giorno eravamo felici come il giorno in cui ci siamo sposati. (9)

D: Lord Tennyson, il tempo a nostra disposizione sta per scadere e vorrei farle un'altra domanda. Quale consiglio vorrebbe dare ai poeti del futuro?

R: Le parole del poeta devono svolgere una triplice funzione. Devono dare colore all'occhio interiore, musica all'orecchio interiore e speranza al cuore più profondo. (10)

Lo ringraziai per la sua ispirazione e per essere stato il mio compagno di viaggio. Gli proposi due scelte su come avrebbe voluto lasciare l'anno 2002.

Voleva rimettersi i suoi vestiti o fare un giro nella mia automobile?

Non ha esitato, siamo saliti in macchina e in breve tempo abbiamo fatto un giro con gli U2 che suonavano dagli altoparlanti. Mentre giravamo per il nostro quartiere, Lord Tennyson salutava tutti quelli che incrociavamo, ridendo in modo impertinente quando rispondevano.

Non posso giurare che fosse vero, ma di sicuro mi è sembrato di sentirlo cantare insieme a Bono quando ha raggiunto il ritornello di "It's a Beautiful Day, Don't Let It Get Away". (11) I nostri sguardi si sono scambiati, mentre lui cominciava a spegnersi. Mi fece un leggero occhiolino e scomparve.

Presto mi ritrovai a cantare da sola gli U2, dirigendomi verso casa. Mentre la porta del garage si apriva, recitai la poesia scritta verso la fine della vita di Tennyson, che per sua richiesta veniva sempre inserita alla fine di ogni pubblicazione: (12)

ATTRAVERSANDO IL BAR
Tramonto e stella della sera,
E un chiaro richiamo per me!
E che non ci sia il lamento della barra,
quando prendo il largo,
ma una marea che si muove sembra addormentata,
troppo piena per il suono e la schiuma,
Quando ciò che ha tratto dal profondo sconfinato
torna a casa.

Crepuscolo e campana della sera,
e poi il buio!
E che non ci sia la tristezza dell'addio,
quando mi imbarco;
Perché anche se dalla nostra porta del tempo e del luogo
Il diluvio può portarmi lontano,
spero di vedere il mio Pilota faccia a faccia
Quando avrò tagliato il traguardo. (13)

Non si può sbagliare quando si leggono le opere di Lord Tennyson, tuttavia queste selezioni ricevono la massima raccomandazione da parte mia:

Idilli del Re
Enoch Arden
I mangiatori di loto
La principessa
La signora dello scalogno
Morte d'Arthur
Ulisse
Becket
Le Esperidi
Il sogno del giorno
Il Palazzo dell'Arte
La regina Maria
Harold
La figlia del mugnaio
Niente morirà
L'antico saggio
Le due voci

Il progresso della primavera
Merlino e il bagliore
La regina di maggio
Maud e altre poesie
Lucrezio
Ode sulla morte del Duca di Wellington
Le due voci
La promessa di maggio
La Coppa.

Alla prossima!
Cathy McGough
La vostra intervistatrice di scrittori leggendari dell'aldilà

EDGAR ALLAN POE NELL'ORA DELLE STREGHE

BENVENUTI A TUTTI. SE solo poteste vedere com'è il mio balcone in questo momento. È immerso nella luce delle candele! Quaranta candele per l'esattezza, per celebrare ogni anno di vita del nostro ospite.

Sì! Edgar Allan Poe si unirà a noi questa sera, nell'ora delle streghe che si avvicina rapidamente.

Il signor Poe è nato il 19 gennaio 1809. In attesa del suo arrivo, leggerò ad alta voce la poesia che dedicò alla sua sposa Virginia Clemm:

ANNABEL LEE
Fu molti e molti anni fa,
in un regno in riva al mare,
che viveva una fanciulla che forse conoscete

con il nome di Annabel Lee;
E questa fanciulla viveva con nessun altro pensiero
se non quello di amare ed essere amata da me.
Io ero un bambino e lei era una bambina,
in questo regno sul mare,
Ma ci amavamo con un amore che era più
dell'amore,
Io e la mia Annabel Lee
Con un amore che i serafini alati del Paradiso
desideravano lei e me.
E questo fu il motivo per cui, tanto tempo fa,
in questo regno sul mare,
un vento soffiò da una nuvola, agghiacciando
La mia bella Annabel Lee
Così che i suoi parenti di alto lignaggio vennero
e la portarono via da me,
per rinchiuderla in un sepolcro
In questo regno sul mare.
Gli angeli, non così felici in Paradiso,
andarono a invidiare lei e me
Sì! Questo era il motivo (come tutti sanno,
in questo regno sul mare)
che il vento usciva dalle nuvole di notte,
raffreddando e uccidendo la mia Annabel Lee.
Ma il nostro amore era di gran lunga più forte
dell'amore
di coloro che erano più vecchi di noi,
di molti molto più saggi di noi;
E né gli angeli del cielo, né i demoni del mare,

né i demoni sotto il mare,

potranno mai separare la mia anima da quella

della bella Annabel Lee!

Perché la luna non brilla mai, senza portarmi i sogni

della bella Annabel Lee;

E così, per tutta la notte, mi sdraio al fianco

della mia amata, della mia amata, della mia vita e

della mia sposa,

Nel suo sepolcro, là in riva al mare,

Nella sua tomba vicino al mare che risuona. (1)

Stupido sentimentale che sono - Le parole del signor Poe mi fecero salire il cuore in gola. Tirai fuori il fazzoletto e cercai di concentrarmi sulle domande che avevo preparato per fargli. Poi alzai lo sguardo e notai che non era il signor Poe ad essere venuto a salutarci, ma la sua adorata moglie Virginia Clemm!

Madame Delatour la teneva per mano e la conduceva verso di me, mentre Virginia le sussurrava all'orecchio segreti che non potevo sentire.

Virginia annuì, sorrise, fece un inchino e si sedette sulla sedia di fronte a me. Madame Delatour mi chiese se poteva parlarmi in privato per un momento ed entrambe ci congedammo dalla presenza di Virginia. Le indicai il tavolo pieno di torte e pasticcini e la invitai a prenderne parte. Lei prese un piatto, entusiasta, mentre io chiudevo le porte del balcone alle mie spalle.

"Cathy, Virginia desidera contattare il suo Edgar. Non lo vede dal giorno della sua morte".

In quel fatale giorno d'inverno, quando gli effetti collaterali della rottura del vaso sanguigno in gola divennero insopportabili, Virginia fu adagiata su un letto con solo paglia e lenzuola. Evidentemente Virginia ed Edgar vivevano in estrema povertà.

Poverina, tutto ciò che aveva era un gattino che Edgar le aveva dato per tenerla al caldo e il cappotto di Edgar. Lui le teneva le mani ghiacciate tra le sue e la madre le strofinava i piedi per evitare il congelamento.

"Cathy, non possiamo permettere che Virginia continui a percorrere il cielo da sola. Ma la nostra decisione avrà delle conseguenze: Edgar sarà con noi per meno tempo".

Guardai Virginia. Aveva solo ventitré anni quando morì. La sua bellezza pittoresca. I suoi occhi scuri ma caldi. Il suo forte senso del dovere. Blanchetta aveva ragione, dovevamo riunire gli amanti, non c'era altra scelta.

Feci un cenno affermativo e Madame Delatour scomparve per chiamare il signor Poe.

Mentre aspettavamo, versai a Virginia una robusta tazza di tè caldo e lei versò rapidamente otto cucchiaini pieni di zucchero nel suo Royal Doulton, per poi sospirare pesantemente al primo assaggio. Quando fece per bere un secondo sorso, le sue mani cominciarono a tremare selvaggiamente, e io mi affrettai al suo fianco per afferrare la mia tazza e il mio piattino antichi. Le avvolsi un mantello intorno alle spalle, mi girai e notai Edgar Allan Poe in carne e ossa.

Indossava un abito nero con una giacca al ginocchio, abbottonata per mostrare una cravatta rosso mela e una camicia bianca come la neve. I suoi occhi erano solenni e pensosi e i capelli gli ricadevano sulla fronte come una tenda. Il suo naso denotava forza e la sua bocca baffuta non formava un sorriso mentre guardava prima Madame Delatour, poi me e infine posava lo sguardo su sua moglie.

Quegli occhi chiari e tristi cominciarono a lacrimare, pieni, sempre più pieni, e poi traboccarono quando andò da lei e la strinse al suo petto. Era ancora come una bambina, perché lui la avvolgeva con le sue braccia e lei sembrava perdersi lì, di buon grado.

Passarono alcuni minuti e poi Edgar si sedette. Virginia gli salì in grembo, stringendolo forte al collo. Non voleva lasciarlo andare neanche per un momento.

D: Sembrate molto accoglienti accoccolati insieme. Potreste condividere un ricordo caro?

Sapevo che entrambi stavano pensando allo stesso momento quando si scambiarono uno sguardo. Poi Edgar iniziò a parlare con una dolcezza e una morbidezza nella voce:

R: È stato al Depot Hotel nella città di New Hope, dove abbiamo bevuto il tè più buono che si sia mai bevuto, forte e caldo - pane di grano e pane di segale - formaggio - torte da tè (eleganti), un grande piatto di prosciutto e due di vitello freddo impilati come una montagna in grandi fette - tre piatti di torte e tutto nella più grande profusione. Avevo solo dieci dollari e ne abbiamo spesi la maggior parte per quel pasto, ma ci è piaciuto molto. (2)

Virginia sospirò profondamente mentre Edgar le accarezzava i capelli e io versai a entrambi una robusta tazza di tè. Virginia non aveva più bisogno del mio mantello per scaldarsi: Edgar era la sua coperta.

D: Signor Poe, ho letto da qualche parte che le fu pagata la misera somma di 10 dollari per la pubblicazione de "Il corvo". Non può essere vero?

R: La prego di chiamarmi Edgar. Sei un amico per Virginia e per me. Ma ahimè, è vero. La mia più grande opera di sempre, eppure sono rimasto uno scrittore triste, solitario e affamato, vestito di nero, incontrando persone che mi conoscevano, che mi ammiravano come scrittore, ma sapendo che stavo sognando sogni che nessun mortale aveva mai sognato prima. (3)

D: Criminale! "Il corvo" è ancora una delle poesie più venerate di tutti i tempi. Ho letto da qualche parte che Charles Dickens l'ha ispirata a scriverla.

R: Charles Dickens era in tournée negli Stati Uniti e seppi che sarebbe venuto a Richmond, dove vivevo. Gli mandai una lettera, invitandolo a pranzo in un hotel del centro di Richmond. Il signor Dickens accettò e venne ad incontrarmi da solo. Quando ci sedemmo a pranzo, notai che stava piangendo. Gli chiesi quale fosse il problema e lui mi rispose:

Speravo che non se ne accorgesse, signor Poe, ma visto che me l'ha chiesto, le darò una risposta sincera. Ho avuto una tragedia personale in famiglia prima di lasciare l'Inghilterra per venire in America e ci stavo pensando. Ho una moglie, tre figli e un animale domestico di nome "Grip". Amavamo il nostro animale domestico "Grip" quasi quanto ci amiamo tra di noi. Prima di partire, ho portato la mia famiglia in vacanza per un fine settimana. Abbiamo fatto quello che facevamo sempre con "Grip": lo abbiamo chiuso nella nostra stalla. Abbiamo lasciato cibo e acqua in abbondanza e abbiamo pensato che sarebbe stato bene durante la nostra assenza. Ma non ci siamo accorti che nella stalla c'era un grosso barattolo di vernice, il cui coperchio era caduto.

Purtroppo la vernice era di un colore che sembrava acqua. Il povero Grip si è confuso e ha bevuto tutta la vernice per errore. Immaginate il nostro shock, signor Poe, quando al nostro ritorno aprimmo la porta della stalla e trovammo il povero "Grip", supino, rigido come una tavola, con le gambe dritte, morto stecchito.

La frase "morto stecchito" riecheggiava nella mia testa. Gli chiesi: Che cos'era il povero piccolo "Grip"? Un gatto o un cane?

E il signor Dickens rispose: Oh, no, signor Poe, nella nostra famiglia non abbiamo animali domestici normali. In realtà "Grip" era un grande e adorabile corvo nero. (4)

Quella sera tornai a casa e rielaborai una poesia che avevo scritto su una ragazza di nome "Lenore". Era stata rifiutata in numerose occasioni. Cambiai il titolo in "Il corvo" e tutti lo applaudirono.

D: Perché pensa che "Il corvo" abbia affascinato così tanto i lettori?

R: Volevo scrivere la prima fiaba per adulti. I critici mi chiesero perché non avessi iniziato con "C'era una volta", e io glielo dissi: Ma l'ho aperto in quel modo. Nella mia mente tutto il tempo è una mezzanotte uggiosa. (5)

D: Potrebbe leggere qualcosa per noi?

R: Ascoltate, ascoltate perché in lontananza potreste sentire:

LE CAMPANE
Sentite le slitte con le campane...
Campane d'argento!
Che mondo di allegria preannuncia la loro melodia!
Come tintinnano, tintinnano, tintinnano,
nell'aria gelida della notte!
Mentre le stelle che cospargono
tutti i cieli, sembrano scintillare
Con una delizia cristallina;
Tenendo il tempo, il tempo, il tempo,
in una sorta di rima runica,

alla tintinnabulazione che si sprigiona in modo così musicale

dalle campane, campane, campane, campane,

Campane, campane, campane...

Dal tintinnio e dal tintinnio delle campane.

Ascoltate le dolci campane nuziali,

campane d'oro!

Che mondo di felicità preannuncia la loro armonia!

Attraverso l'aria mite della notte

Come risuona la loro gioia!

Dalle note d'oro fuso,

E tutte intonate,

Che liquida canzoncina fluttua

Alla tortorella che ascolta, mentre si gongola

sulla luna!

Oh, dalle celle che suonano,

che   zampillo   di   eufonia   si   sprigiona voluminosamente!

Come si gonfia!

Come si sofferma

sul futuro! Come racconta

Dell'estasi che spinge

Al dondolio e al suono

Delle campane, delle campane, delle campane,

Delle campane, campane, campane, campane,

Campane, campane, campane...

il rimmel e il rintocco delle campane!

Ascoltate le forti campane dell'alarum...

Campane sfacciate!

Che storia di terrore, ora, la loro turbolenza racconta!
Nell'orecchio sbigottito della notte
Come gridano il loro spavento!
Troppo inorridite per parlare,
possono solo gridare, gridare,
stonando,
in un clamoroso appello alla pietà del fuoco,
In una folle polemica con il fuoco sordo e frenetico,
Saltando più in alto, più in alto, più in alto,
Con un desiderio disperato,
e un tentativo risoluto,
Ora... ora di sedersi o mai più,
al fianco della luna dal volto pallido.
Oh, le campane, le campane, le campane!
Che storia racconta il loro terrore
Di disperazione!
Come fanno rumore, come si scontrano e come ruggiscono!
Che orrore emanano
sul grembo dell'aria palpitante!
Ma l'orecchio conosce bene,
dal tintinnio,
e dal tintinnio,
come il pericolo fluisce e scorre:
Eppure l'orecchio lo dice chiaramente,
Nel tintinnio,
e nel battibecco,
come il pericolo affonda e si gonfia,

affondando o gonfiandosi nell'ira delle campane...
delle campane...
Delle campane, delle campane, delle campane, delle
campane,
Campane, campane, campane...
Nel clamore e nel clangore delle campane!
Ascoltate i rintocchi delle campane...
Campane di ferro!
Che mondo di pensieri solenni costringe la loro
monodia!
Nel silenzio della notte,
come rabbrividiamo di paura
Alla minaccia malinconica del loro tono!
Per ogni suono che fluttua
dalla ruggine delle loro gole
è un gemito.
E il popolo, ah, il popolo.
quelli che abitano sul campanile,
tutti soli
E che suonano, suonano, suonano,
in quel monotono smorzato,
sentono una gloria nel far rotolare
sul cuore umano una pietra.
Non sono né uomini né donne.
Non sono né bruti né umani.
Sono demoni:
E il loro re è quello che suona;
E rotola, rotola, rotola,
Rotola

Un inno dalle campane!
E il suo petto allegro si gonfia
Con il canto delle campane!
E balla, e urla;
tenendo il tempo, il tempo, il tempo,
in una sorta di rima runica,
al canto delle campane...
delle campane:
Tenendo il tempo, il tempo, il tempo,
In una sorta di rima runica,
al pulsare delle campane...
delle campane, delle campane, delle campane...
Al singhiozzo delle campane;
Tenendo il tempo, il tempo, il tempo,
Mentre bussa, bussa, bussa,
in una felice rima runica,
Al rullo delle campane...
delle campane, delle campane, delle campane:
Al rintocco delle campane,
delle campane, campane, campane, campane...
Campane, campane, campane...
Al gemito e al lamento delle campane. (6)

D: Grazie Edgar. Mi parli della tecnica straordinaria di cui si è avvalso quando ha studiato per diventare giornalista?

Edgar sorrise, prese le mani della sua amata tra le sue, le baciò e poi rispose:

R: Se scrivo di un viaggio in mongolfiera e voglio che gli altri credano che io abbia fatto questo viaggio, come posso farlo senza usare le cose che esistono intorno a me per convincere i miei lettori? In alcuni dei miei libri, ho conversazioni con i morti e con cadaveri tornati in vita, queste cose, questi luoghi dove il mio spirito mi avrebbe portato, eppure potevano portarmi solo fino a un certo punto. Dopotutto, mia cara donna, la vita non è forse un imbroglio, una visione fantastica plagiata da qualche poeta divino dall'incubo epico di una mente diabolica? Allora perché io, poeta umano, non dovrei plagiare le visioni fantastiche di altre menti umane? (7)

Molto spesso ho fatto riferimento a libri stranieri che, dopo aver indagato, si sono rivelati inesistenti. Non sono mai stato ostacolato da un'istruzione insufficiente. Mi piaceva sfoggiare le mie conoscenze acquisite attraverso citazioni di brani di lingue che non conoscevo. (8)

D: Quale consiglio darebbe agli scrittori del 2002 e oltre?

R: Imparate a rispettare le scadenze. Affidatevi all'ispirazione. Scrivere velocemente. Scrivere in modo disordinato. (9)

D: Il nostro tempo sta per finire, signor Poe, e vedo che la sua bella signora si è addormentata con le sue braccia che la circondano dolcemente. Vorrei farle un'ultima domanda. Lei è prima di tutto un artista o un poeta?

R: Sono prima di tutto un artista. Ho dipinto il grottesco e l'arabesco. Mi interessava il bello, non il vero. Il senso della bellezza è un istinto immortale nel profondo dello spirito dell'uomo. Il mio obiettivo era quello di evocare la bellezza attraverso la musica delle parole, utilizzando tutti i trucchi letterari magici che potevo impiegare, come la novità, la citazione, la ripetizione, le frasi inaspettate, la pittoresca... frasi e sentimenti dai suoni dolci che erano semplicemente al di là della portata dell'analisi. Nessuna opera d'arte dovrebbe mai indicare una morale o incarnare una verità. Questa è la mia opinione. È così che ho vissuto. (10)

Proprio in quel momento, centinaia di volpi volanti attraversarono il cielo stridendo come banshee. Rispondemmo alle loro voci alzandoci in piedi - ma quando guardai di lato, notai che sia il signor Poe che Virginia erano scomparsi nella notte.

Forse sono volati via sulle ali dei pipistrelli e ora si trovano insieme nei Giardini Botanici Reali di Sydney.

Non potendo lasciare le cose come stavano, mi sedetti e cominciai a leggere questa poesia ad alta voce con la luce assistita della luna:

A UNO IN PARADISO
Tu eri tutto ciò che per me era amore,
per cui la mia anima si struggeva;
Un'isola verde nel mare, amore,
una fontana e un santuario
Tutto adorno di frutti e fiori fatati,

E tutti i fiori erano miei.
Ah, sogno troppo luminoso per durare!
Ah, speranza stellata, che sei sorta
Ma per essere coperto!
"Avanti! Avanti!" - ma sul passato
(Golfo oscuro!) il mio spirito si libra
Deve, immobile, sbigottire.
Perché, ahimè! Ahimè! Con me
La luce della vita è finita!
Non più - non più - non più -
(Questo linguaggio trattiene il mare solenne
alle sabbie sulla riva)
fiorirà più l'albero distrutto dal tuono,
o l'aquila colpita si alzerà in volo.
E tutti i miei giorni sono trance,
e tutti i miei sogni notturni
sono dove il tuo occhio grigio guarda,
e dove il tuo passo risplende...
presso quell'eterno ruscello. (11)

Poi spensi una per una le candele - 40 desideri volarono in cielo - Virginia ed Edgar insieme per tutta l'eternità.

Quando rientrai in casa, Madame Delatour russava rumorosamente. Mi è rimasta una sensazione di incompiutezza riguardo al signor Poe, ma ho sentito che il ricongiungimento dei due spiriti aveva reso tutto utile.

Spero che sentirete un forte desiderio di scoprire di più sulle opere di Edgar Allan Poe. Date un'occhiata a queste selezioni e vi garantisco che ne vorrete ancora:

La caduta della casa degli Usher

La maschera della morte rossa

Il dormiente

Un sogno nel sogno

La città e il mare

La terra del sogno

A uno in paradiso

Il bel medico

Il palazzo infestato

Il verme conquistatore

Il corvo

Da solo

La stella misteriosa

Epigramma per Wall Street

I delitti della Rue Morgue

Il pozzo e il pendolo

Il paese delle fate

I giorni più felici

Ode alla regina di maggio

Il potere delle parole

Come scrivere un articolo di Blackwood

Mai scommettere la testa sul diavolo - Un racconto con una morale

La lettera rubata

La scatola oblunga.

Ciao, ciao!
Cathy McGough
Il vostro intervistatore di scrittori leggendari dell'aldilà

P.B. SHELLEY AMMIRA COOKS RIVER, NSW, AUSTRALIA

MADAME DELATOUR ENTRÒ IN salotto senza il nostro ospite del giorno: Percy Bysshe Shelley. Stava facendo la sua camminata arrabbiata, mentre i suoi grandi orecchini a cerchio viola rimbalzavano su e giù in sincronia con la sua coda di cavallo che ondeggiava da una parte all'altra. Indossava il suo mantello viola da evocatrice con stelle e lune fluorescenti ricamate da lei. I suoi braccialetti tintinnarono mentre apriva le porte del patio e diceva:

"Cosa devo fare Cathy? Cosa devo fare? È Lord Byron. Continua a flirtare con me, offrendomi favori per intervistarlo prima del signor Shelley. Vuole vedere come sono due donne nell'anno 2002. Ritiene di poter gestire due donne del futuro molto meglio del signor Shelley e, purtroppo, il signor Shelley tende ad essere d'accordo. Sta impedendo al signor Shelley di passare dall'altra parte. Cosa devo fare? Cosa dobbiamo fare?".

Lord Byron aveva una bella faccia tosta! La sua storia con le donne era ben nota e intervistarlo sarebbe stato molto intrigante. Tuttavia, le interviste vengono scelte in base alle richieste dei lettori, delle famiglie e degli amici. L'intervista al signor Byron era stata richiesta, ma era in fondo alla lista.

Ho convinto Madame Delatour a dire a Lord Byron che avremmo tenuto il meglio per ultimo. Il leggendario ego di Lord Byron ci avrebbe creduto e si sperava che le cose sarebbero tornate in carreggiata con il signor Shelley.

Percy Bysshe Shelley nacque il 4 agosto 1792 (un compagno del Leone!) nel Sussex, in Inghilterra. Molti anni dopo la sua morte, William Wordsworth disse di Shelley che era "uno dei migliori artisti di tutti noi, per fattura e stile".

Percy strinse amicizia con il filosofo William Godwin e si innamorò immediatamente di sua figlia Mary (anche se era già sposato e aveva dei figli). Dopo il tragico suicidio della prima moglie, cercò di ottenere la custodia dei figli, ma gli fu negata. Disgustato dal sistema legale inglese, se ne andò giurando di non tornare mai più.

Shelley e Mary si trasferirono presto in Italia, dove Shelley trascorse gli ultimi anni della sua vita. L'8 luglio 1822, Shelley e un suo amico furono colti da un'improvvisa tempesta mentre navigavano su una piccola barca a Lerici, in Italia, sulla costa del Golfo di Spezia. I loro corpi si arenarono sulla riva e, in conformità con la legge italiana, furono cremati sulla spiaggia alla presenza degli amici e colleghi poeti Trelawney, Hunt e Byron. Le sue ceneri furono portate a Roma e sepolte vicino alla tomba del suo caro amico John Keats.

Shelley era appassionato di molte cose, ma la poesia era il suo primo amore e lo dimostra chiaramente il suo saggio scritto in risposta a "Le quattro età della poesia" di Thomas Love Peacock.

In esso, Peacock sosteneva che l'arte di scrivere poesie si sarebbe presto estinta perché gli uomini si stavano rivolgendo ai grandi e permanenti interessi della società umana. (1)

Ecco un estratto della confutazione di Shelley:

UNA DIFESA DELLA POESIA

La poesia è la registrazione dei momenti migliori e più felici delle menti più felici e migliori. Siamo consapevoli di visite evanescenti del pensiero e del sentimento, a volte associate a un luogo o a una persona, a volte riguardanti solo la nostra mente, e sempre sorte impreviste e ripartite senza preavviso, ma elevate e deliziose al di là di ogni espressione; così che anche nel desiderio e nel rimpianto che lasciano, non può non esserci il piacere, che partecipa alla natura del suo oggetto. È come la compenetrazione di una natura più divina attraverso la nostra; ma le sue orme sono come quelle di un vento sul mare, che la calma del mattino cancella e di cui rimangono solo le tracce, come sulla sabbia rugosa che lo solca.

Queste e altre condizioni dell'essere sono sperimentate principalmente da coloro che hanno la sensibilità più delicata e l'immaginazione più estesa; e lo stato d'animo che ne deriva è in guerra con ogni desiderio più profondo. L'entusiasmo della virtù, dell'amore, del patriottismo e dell'amicizia è essenzialmente legato a queste emozioni; e finché durano, l'io appare come ciò che è, un atomo per un universo.

I poeti non solo sono soggetti a queste esperienze come spiriti della più raffinata organizzazione, ma possono colorare tutto ciò che combinano con le tinte evanescenti di questo mondo etereo; una parola, un tratto nella rappresentazione di una scena o di una passione toccherà la corda incantata e rianimerà, in coloro che hanno mai provato queste emozioni, il sonno, il freddo, l'immagine sepolta del passato. La poesia rende così immortale tutto ciò che di meglio e di più bello c'è nel mondo; arresta le apparizioni evanescenti che infestano gli interludi della vita e, velandole o con il linguaggio o con la forma, le manda in giro tra gli uomini, portando dolci notizie di gioia affine a coloro con i quali le loro sorelle dimorano -

dimorano, perché non c'è un portale di espressione dalle caverne dello spirito che abitano all'universo delle cose. La poesia riscatta dal degrado le visite della divinità degli uomini. (2)

Così appassionata! Così elegantemente scritto! Non vedo l'ora di vedere il signor Shelley dal vivo.

Per l'occasione, ho preparato un piatto di panini alla Vegemite, dei Lamingtons e una pentola di tè caldo. Niente di meglio dell'ospitalità australiana!

Ora, signore e signori, sembra che siamo pronti a partire, perché vedo il signor Shelley che viene condotto verso di me. Anche da lontano, i suoi affascinanti occhi blu e i lunghi capelli ricci castano scuro lo fanno sembrare piuttosto angelico. È vestito con un raffinatissimo cappotto color oliva con bottoni dorati e un gilet Marcela a righe (3). Ha lo sguardo un po' abbassato (forse sta controllando il tappeto), ma quando intravede le porte a vetri che danno sul balcone, si passa rapidamente le dita tra i capelli e si dirige verso la ringhiera dicendo:

È proprio come la grande terrazza-veranda della mia casa a Casa Magni, che si affacciava sul golfo di Spezia, dove c'erano anche viste sul mare e paesaggi di una bellezza ineguagliabile". (4) Ci sono barche nelle vicinanze? Posso navigare oggi?

I nostri occhi si sono incrociati per la prima volta e da vicino era come un bambino che non si può rifiutare. Tuttavia, il tempo a nostra disposizione era limitato e dovevo fargli capire cosa stava guardando, cioè il fiume Cooks, non l'oceano, e spiegargli dove ci trovavamo in Australia. Quando gli ho confermato che non c'era tempo per navigare, si è imbronciato leggermente, finché non è stato distratto dai suoni sconosciuti dei kookaburra e delle gazze. In lontananza gli alberi di gomma e le jacarande danzavano nella brezza, mentre io versavo al signor Shelley una tazza di tè.

Quando ci sedemmo, il signor Shelley mi fissò negli occhi. Quando ci siamo toccati, ha distolto lo sguardo.

Io tornai ai miei appunti e subito dopo incrociai di nuovo i suoi occhi con i miei. Non ero certa di cosa stesse guardando. In realtà, in quel momento non ero sicura di nulla. Sentii un rossore caldo salire sulla mia guancia.

L'intensità del suo sguardo continuava.

Da quando faccio i colloqui, ho sviluppato un senso di fiducia quando sono in presenza di questi maestri. In genere mi sento rilassata, anche se un po' in soggezione.

Tuttavia, il costante sguardo del signor Shelley, che poi distoglieva l'attenzione, mi rendeva nervosa.

Ho cercato di recuperare la calma rimescolando alcune carte quando lui, da sempre animo sensibile, ha notato la mia tonalità rossastra.

Le mie scuse, cara signora. Non volevo farla sentire in imbarazzo. È colpa dei suoi occhi. Quei suoi penetranti occhi nocciola (5). Vedete, li ho già visti nella bella e formosa testa di mia moglie Mary.

Per un attimo rimasi senza parole. Tuttavia, riuscii a far trapelare un timido ringraziamento. Per qualche secondo ci siamo guardati in lontananza, finché non ho ripreso il controllo e poi è iniziata l'intervista.

D: Mi racconti un momento speciale che ha condiviso con Mary.

R: Mi piacevano i momenti in cui mi seguiva nel luogo in cui ormeggiavo la mia barca. Lì, si sdraiava con la testa sulle mie ginocchia e chiudeva gli occhi stanchi. Io accarezzavo la sua testa dorata. Respiravamo l'aria del mare e ci lasciavamo cullare dalla dolce brezza. Era come se fossimo in un mondo tutto nostro. (6)

D: Oh, che romantico! È un po' strano cambiare argomento, ma ho letto da qualche parte che lei e Mary eravate vegetariani? In effetti, oggi è uno stile di vita molto popolare.

R: Temo che essere vegetariani fosse una necessità, non una scelta. Se avevamo la fortuna di poter comprare della carne, sia io che Mary ci assicuravamo che i bambini la mangiassero. Io vivevo per lo più di pane, portandone un pezzo in tasca ovunque andassi per non dimenticare di mangiare del tutto. La poesia mi dava sostentamento. (7)

D: Cosa le è mancato di più durante il suo esilio volontario dall'Inghilterra?

R: La nostalgia di casa mi coglieva di tanto in tanto, e il mio rimedio era la lettura delle opere dei Poeti del Lago e in particolare delle parole di William Wordsworth. I nostri poeti e i nostri filosofi, le nostre montagne e i nostri laghi, le strade e i campi rurali che sono così particolarmente nostri, sono legami che, a meno che io non diventi completamente insensato, non potranno mai essere spezzati. Questi e il loro ricordo, anche se non tornerò mai più, questi e gli affetti della mente con cui sono stati uniti una volta sono indissolubilmente uniti, anche se non dovessi più tornarci per sempre. (8)

È anche estremamente difficile trovare una buona tazza di tè quando si è all'estero.

D: Come mai è diventato famoso come "Mad Shelley"? (9)

R: Spesso facevo esperimenti con le sostanze chimiche e la magia. Gli altri bambini mi prendevano in giro senza sosta, mi seguivano e facevano anche quelle che chiamavano "cacce a Shelley". C'è stato un giorno, però, in cui le cose sono degenerate. Fu durante il mio soggiorno a Eton. Disegnai un cerchio e mi misi al centro. Gli altri studenti si radunarono intorno a me mentre io versavo dell'alcol in un piccolo piatto e gli davo fuoco. Lo guardai prendere la sua fiamma bluastra e poi cominciai a recitare cose come: "I demoni escano e si uniscano a noi!". Un insegnante mi notò e gridò, chiedendomi cosa stessi facendo. Gli ho detto che stavo cercando di far nascere il diavolo. (10)

D: È vero che ha usato i suoi fratelli nei suoi esperimenti?

R: Il Diario di mia sorella Hellen descrive al meglio le mie buffonate. Ricorda che avevo solo undici anni:

Quando mio fratello iniziò i suoi studi di chimica e praticò l'elettricità su di noi, confesso che il mio piacere era completamente annullato dal terrore per i suoi effetti. Ogni volta che si avvicinava a me con il suo pezzo di carta da imballaggio marrone piegato sotto il braccio, un po' di filo e una bottiglia, il mio cuore sprofondava di paura al suo avvicinarsi; ma la vergogna mi faceva tacere e, con quanti altri riusciva a raccogliere, venivamo messi mano nella mano intorno al tavolo della scuola materna per essere elettrificati. (11)

D: A proposito di elettricità, cosa pensa dell'amore?

R: Mi sono sempre aspettata di più dall'amore, ho preteso dall'amore più di quanto fosse in grado di dare in cambio. Di conseguenza, l'amore mi ha sempre deluso. Si è sempre innamorati di qualcosa o di altro; l'errore consiste nel cercare nell'immagine la somiglianza di ciò che è eterno. (12)

D: Chi ha influenzato maggiormente la sua opera?

R: Platone, senza dubbio. Platone era essenzialmente un poeta. La verità e lo splendore delle sue immagini e la melodia del suo linguaggio sono le più intense che sia possibile concepire.

Rifiutava l'armonia dei pensieri privi di forma e di azione, e rinunciava a inventare pause regolari del suo stile. (13) Ho tradotto il suo "Ion" - parte di "Phased" e diversi epigrammi. Ho scritto questo per lui:

STELLA DEL MATTINO E DELLA SERA
Tu sei la stella del mattino tra i vivi,
Prima la tua bella luce era svanita;
Ora, essendo morto, sei come Espero, che dà
nuovo splendore ai morti. (14)

Ma non posso non ricordare Dante. Dante è stato il primo risvegliatore dell'Europa affascinata; ha creato una lingua, di per sé musica e persuasione, dal caos di barbarismi disarmonici. È stato il congregatore di quei grandi spiriti che hanno presieduto alla resurrezione del sapere, il Lucifero di quel gregge stellato che nel XIII secolo ha brillato dall'Italia repubblicana, come da un cielo, nelle tenebre del mondo illuminato. Le sue stesse parole sono istinto di spirito; ognuna è come una scintilla, un atomo ardente di pensiero inestinguibile; e molte giacciono ancora coperte dalle ceneri della loro nascita e gravide di un lampo che non ha ancora trovato un conduttore. (15)

D: Definire il poeta?

R: I poeti, a seconda delle circostanze dell'epoca e della nazione in cui sono apparsi, erano chiamati, nelle prime epoche del mondo, legislatori o profeti:

un poeta comprende essenzialmente e unisce entrambi questi caratteri. Infatti, non solo osserva intensamente il presente così com'è e scopre le leggi secondo le quali le cose presenti dovrebbero essere ordinate, ma vede il futuro nel presente e i suoi pensieri sono i germi del fiore del frutto dell'ultimo tempo. Non che io affermi che i poeti siano i profeti nel senso grossolano del termine. Un poeta partecipa all'eterno, all'infinito e all'uno. (16)

D: Un poeta richiede un'educazione formale o semplicemente l'educazione della vita?

R: C'è un'educazione particolarmente adatta a un poeta, senza la quale il genio e la sensibilità difficilmente possono riempire il cerchio delle loro capacità... Le circostanze della mia formazione accidentale sono state favorevoli a questa ambizione. Fin da ragazzo ho conosciuto le montagne, i laghi, il mare e la solitudine delle foreste: Il pericolo, che si muove sull'orlo dei precipizi, è stato il mio compagno di giochi. Ho calpestato i ghiacciai delle Alpi e ho vissuto sotto l'occhio del Monte Bianco. Ho vagato per campi lontani. Ho navigato lungo fiumi possenti, ho visto il sole sorgere e tramontare e le stelle spuntare, mentre ho navigato notte e giorno lungo un rapido torrente tra le montagne. Ho visto città popolose e ho osservato le passioni che sorgono e si diffondono, affondano e cambiano tra moltitudini di uomini riuniti.

Ho visto il teatro delle devastazioni più visibili della tirannia e della guerra: città e villaggi ridotti a gruppi sparsi di case nere e senza tetto, e gli abitanti nudi seduti affamati sulle loro soglie desolate.

Ho conversato con uomini di genio viventi. La poesia dell'antica Grecia e di Roma, dell'Italia moderna e del nostro Paese è stata per me, come la natura eterna, una passione e un divertimento. Queste sono le fonti da cui sono stati tratti i materiali per l'immaginazione delle mie poesie. Ho considerato la Poesia nel suo senso più completo, ho letto i Poeti, gli Storici e i Metafisici i cui scritti mi sono stati accessibili, e ho guardato al bellissimo e maestoso scenario della terra, come fonti comuni di quegli elementi che è compito del Poeta incarnare e combinare... Non so fino a che punto sarò in grado di possedere l'attributo più essenziale della Poesia, il potere di risvegliare negli altri sensazioni simili a quelle che animano il mio stesso petto, e questo, a dire il vero, non lo so. (17)

D: Qual è la sua opinione sul poeta e amico Lord Byron?

R: Lord Byron era una persona estremamente interessante, e come tale è deplorevole che fosse schiavo dei pregiudizi più vili e volgari, e pazzo come il vento! (18)

D: Lo terrò sicuramente presente quando lo intervisterò! Lei ha viaggiato molto. Se dovesse scegliere un sito come suo preferito, quale sceglierebbe?

R: Il Colosseo: Era stato trasformato dal tempo nell'immagine di un anfiteatro di colline rocciose invase dall'ulivo selvatico, dal mirto e dal fico, e percorso da piccoli sentieri che si snodano tra le sue scale in rovina e le sue gallerie incommensurabili; il bosco ceduo ti oscura mentre vaghi nei suoi labirinti e le erbacce selvatiche del clima floreale fioriscono sotto i tuoi piedi... Non riuscivo a credere che, incrostato di marmo dorico e ornato da colonne di granito egiziano, il suo effetto potesse essere così sublime e impressionante. (19)

D: Cosa vorrebbe trasmettere ai poeti nell'anno 2002?

R: Abbiamo più saggezza morale, politica e storica di quanta ne sappiamo mettere in pratica; abbiamo più conoscenze scientifiche ed economiche di quante possano essere adattate alla giusta distribuzione dei prodotti che essa moltiplica. La poesia in questi sistemi di pensiero è nascosta dall'accumulo di fatti e di processi di calcolo... Vogliamo la facoltà creativa di immaginare ciò che conosciamo; vogliamo l'impulso generoso di agire ciò che immaginiamo; vogliamo la poesia della vita; i nostri calcoli hanno superato la nostra concezione... La coltivazione di quelle scienze che hanno allargato i limiti dell'impero dell'uomo sul mondo esterno, ha di gran lunga mancato la facoltà poetica che ha proporzionalmente circoscritto quelli del mondo interno; e l'uomo, avendo asservito gli elementi, rimane egli stesso uno schiavo. (20)

D: Percy, prima di andare, potrebbe leggere "La nuvola". È il mio preferito.

R: Su richiesta speciale, solo per lei, carissima signora:

LA NUVOLA

Porto fresche piogge per i fiori assetati,

dai mari e dai ruscelli;

Porto l'ombra leggera per le foglie quando si adagiano

nei loro sogni di mezzogiorno.

Dalle mie ali si scuotono le rugiade che risvegliano

i dolci germogli,

quando vengono cullati per riposare sul seno della madre,

mentre lei danza intorno al sole.

Impugno il flagello della grandine sferzante,

e imbianco le verdi pianure,

E poi di nuovo la dissolvo nella pioggia,

e rido mentre passo nel tuono.

Setaccio la neve sulle montagne sottostanti,

e i loro grandi pini gemono sconvolti;

E tutta la notte è il mio cuscino bianco,

mentre dormo tra le braccia del vento.

Sublime sulle torri delle mie viscere di cielo,

siede il mio pilota;

In una caverna sotto di me è imprigionato il tuono,

Si dibatte e ulula a ritmo incalzante;

Sulla terra e sull'oceano, con un moto gentile,
questo pilota mi guida,
Attirato dall'amore dei geni che si muovono
nelle profondità del mare viola;
Sui ruscelli, le rupi e le colline,
sui laghi e sulle pianure,
Ovunque sogni, sotto le montagne o i ruscelli,
lo Spirito che ama rimane;
E io mi crogiolo nel sorriso azzurro del cielo,
mentre lui si dissolve nelle piogge.
L'alba sanguigna, con i suoi occhi di meteora,
e i suoi pennacchi ardenti,
salta sul dorso della mia cremagliera,
quando la stella del mattino brilla morta;
Come sulla frastagliatura di una rupe di montagna,
che un terremoto fa oscillare,
un'aquila, un attimo dopo, può sedersi
nella luce delle sue ali dorate.
E quando il tramonto può respirare, dal mare
illuminato sotto di sé,
i suoi ardori di riposo e di amore,
e la coltre cremisi della vigilia può cadere
dalla profondità del cielo,
Con le ali spiegate mi riposo sul mio nido d'oro,
immobile come una colomba che cova.
Quella fanciulla orbata e carica di fuoco bianco,
che i mortali chiamano Luna
scivola scintillante sul mio pavimento di vello,
con le brezze di mezzanotte;

E ovunque il battito dei suoi piedi invisibili,
che solo gli angeli sentono,
può aver rotto la trama del sottile tetto della mia
tenda,
Le stelle fanno capolino dietro di lei e scrutano;
E io rido nel vederle vorticare e fuggire,
come uno sciame di api dorate,
quando allargo la fessura della mia tenda costruita
dal vento,
Fino ai fiumi, ai laghi e ai mari calmi,
come strisce di cielo cadute attraverso di me in alto,
siano ciascuno lastricato di luna e di questi.
Lego il trono del Sole con una zona ardente,
e quello della Luna con una cintura di perle;
I vulcani si affievoliscono e le stelle si agitano e
nuotano,
Quando i vortici dispiegano il mio vessillo.
Da capo a capo, con una forma a ponte,
Su un mare torrenziale,
a prova di raggi di sole, sono appeso come un tetto.
Le montagne sono le sue colonne.
L'arco di trionfo attraverso il quale marcio
Con l'uragano, il fuoco e la neve,
quando le potenze dell'aria sono incatenate alla mia
sedia,
è l'arco dai mille colori;
La sfera-fuoco sopra di essa tesseva i suoi tenui
colori,
Mentre l'umida Terra rideva sotto.

Si fermò bruscamente e notò che avevo continuato a pronunciare le parole, si schiarì la gola, sorrise e continuò...

Sono la figlia della Terra e dell'Acqua,

e la figlia del cielo;

Passo attraverso i pori dell'oceano e delle coste,

cambio, ma non posso morire.

Perché dopo la pioggia, quando non c'è più una macchia

Il padiglione del cielo è spoglio,

E i venti e i raggi del sole con i loro bagliori convessi

costruiscono la cupola blu dell'aria,

io rido silenziosamente del mio cenotafio,

e dalle caverne della pioggia,

come un bambino dal grembo materno, come un fantasma dalla tomba,

mi alzo e lo disfo di nuovo. (21)

Mentre leggeva, cominciò a sbiadire, come una cattiva trasmissione, e quando finì l'ultima riga, era scomparso del tutto.

Spero che abbiate preso il virus di Shelley e vi incoraggio a cercare le sue opere.

Vi consiglio i seguenti:

Prometeo incatenato

La nuvola

Adonais

La regina Mab

La maschera dell'anarchia

All'allodola
Ode al vento dell'Ovest
Alla luna
Un lamento
Laon e Cyntha
Filosofia dell'amore
Inno allo spirito della natura
Il sogno del poeta
Linee per un'aria indiana
I Cenci
Alla notte
Temo i tuoi baci
Il volo dell'amore
Ozymandias of Egypt
A una signora con la chitarra
L'invito
Il raccoglimento
Lo spirito della solitudine
Alastor
Rosalind e Helen
Il sogno dell'ignoto
Musica, quando muoiono le voci sommesse
La serenata indiana
Il trionfo della vita
Una difesa della poesia.

Unitevi a me la prossima settimana, quando Madame Delatour porterà un altro ospite nella mia umile dimora. Per il momento, ha bisogno di un grande scotch con ghiaccio, perché Lord Byron è ancora in giro come un penny malandato e cerca di convincerci a intervistarlo. Spiacente, non si può fare Lord Byron: è il pubblico a decidere!

TA-TA PER ORA!
Cathy McGough
Il vostro intervistatore di scrittori leggendari dell'aldilà

WILKIE COLLINS INTRECCIA UN RACCONTO

AVETE SCOPERTO LE OPERE di Wilkie Collins? Se non vi siete imbattuti in alcuni dei suoi romanzi nella vostra libreria di fiducia, allora vi state davvero perdendo qualcosa!

Wilkie Collins è nato l'8 gennaio 1824 a New Cavendish Street, Londra, Inghilterra. Ha lasciato ai suoi lettori un'enorme eredità composta da venticinque romanzi, più di cinquanta racconti, quasi quindici opere teatrali e oltre cento opere di saggistica. I suoi romanzi "La pietra di luna" e "La donna in bianco" sono due classici. Wilkie Collins ha studiato legge e questo gli è servito per scrivere i suoi thriller melodrammatici ma meticolosi.

Madame Delatour mi avvisò che il signor Collins stava uscendo e in pochi secondi lo notai camminare verso di me. Si guardò intorno, curioso come un gatto, mentre io mi presentavo e lo ringraziavo per essere venuto a conoscermi.

Si sedette brevemente, poi improvvisamente si alzò di scatto, agitando le mani con enfasi e indicando il cielo: Wilkie Collins aveva scoperto l'arte dello skywriting.

Guardò il jet stream, come un bambino in attesa del suo messaggio. Per un attimo ho pensato che avesse smesso di respirare, tanto era sopraffatto dalle parole che venivano scritte.

Il getto si fermò e la parola "Nokia" si rivelò al mio ospite. Guardò me, poi il messaggio e lo lesse ad alta voce più e più volte, come se stesse cercando di decifrare un codice segreto.

Gli spiegai il significato e il signor Collins rimase molto deluso. Commentò che il mondo si era abbassato a un minimo storico, permettendo l'inquinamento del cielo per la pubblicità.

Non avevo mai pensato allo skywriting in questo modo... Ben presto la corrente a getto svanì e la nostra intervista ebbe inizio.

D: Quando ha incontrato per la prima volta Charles Dickens?

R: Charles e io ci siamo incontrati il 12 marzo 1851. Avevo accettato la parte di Smart il valletto nella produzione amatoriale della commedia di Bulwer-Lytton "Non è così male come sembra". Charles aveva dodici anni più di me ed era già un autore e un personaggio pubblico affermato.

Nonostante ciò, diventammo amici per tutta la vita. Nel 1854 gli dedicai il mio libro "Nascondino": "A Charles Dickens questa storia è iscritta in segno di ammirazione e di affetto, da parte dell'amico autore".

Ho collaborato per cinque anni a "Household Words" e successivamente a "All The Year Round". Abbiamo anche collaborato ai numeri natalizi di entrambe le pubblicazioni, tra cui "No Thoroughfare". (1)

D: Le è sempre piaciuto raccontare storie?

R: Da ragazzo, nella seconda scuola di Highbury, dove ero un collegiale, venivo regolarmente bullizzato dal capoclasse.

"Andrai a dormire, Collins", mi diceva, "quando mi avrai raccontato una storia".

Fu questo bruto a risvegliare per la prima volta in me, sua povera vittima, un potere di cui, se non fosse stato per lui, non sarei mai stato consapevole... Quando lasciai la scuola, continuai a raccontare storie per mio piacere. (2)

D: Lei ha cercato di mostrare la vita com'era, anche se spesso il pubblico voleva fare come gli struzzi.

R: Siamo diventati così sfacciatamente familiari con la violenza e l'oltraggio, che li riconosciamo come un ingrediente necessario del nostro sistema sociale, e classifichiamo i nostri selvaggi come parte rappresentativa della nostra popolazione sotto il nome appena inventato di "rozzi". L'attenzione del pubblico è stata rivolta da centinaia di altri scrittori allo sporco Rough in fustian. Se mi fossi limitato a questi limiti, avrei portato con me tutti i miei lettori. Ma ho il coraggio di rivolgere l'attenzione al Rough lavato in tela larga - e devo difendermi dai lettori che non hanno notato questa varietà o che, avendola notata, preferiscono ignorarla.

Non c'è bisogno di protestare, nell'interesse della civiltà, contro una rinascita della barbarie tra noi, che si afferma come una rinascita della virtù virile, e trova la stupidità umana abbastanza densa da ammettere questa affermazione? (3)

D: Mi dispiace informarla che oggi le cose non sono cambiate molto. Vi chiederete se cambieranno mai. Forse questo potrebbe essere un buon momento per chiederle di leggere qualcosa da uno dei suoi libri?

R: "Basil" è stata la seconda opera di narrativa che ho prodotto. Al suo apparire, fu condannato su due piedi da una certa classe di lettori, come un oltraggio al loro senso della correttezza. Sapevo che "Basil" non aveva nulla da temere dai lettori di mentalità pura; e lasciai che quelle pagine si affermassero o si riducessero in base ai meriti che possedevano. Lentamente e inesorabilmente, la mia storia si fece strada attraverso tutte le critiche avverse, fino a conquistare un posto nel favore del pubblico, che spero non abbia mai perso da allora.

Questo è tratto dalla Parte I, Capitolo II di:

BASILE

Potrei tentare, in questa sede, di tratteggiare il mio carattere come era all'epoca. Ma quale uomo può dire: "Sconterò la profondità dei miei vizi e misurerò l'altezza delle mie virtù, e sarò all'altezza della sua parola"? Non possiamo né conoscere né giudicare noi stessi; gli altri possono giudicare ma non possono conoscerci; Dio solo giudica e conosce. Lasciamo che il mio carattere appaia - per quanto un carattere umano possa apparire nella sua integrità, in questo mondo - nelle mie azioni, quando descriverò l'unico passaggio movimentato della mia vita, che costituisce la base di questa narrazione. Nel frattempo, è necessario che io dica qualcosa di più sui membri della mia famiglia. Almeno due di loro saranno importanti per lo svolgimento degli eventi in queste pagine. Non cerco di giudicare i loro caratteri; mi limito a descriverli - a torto o a ragione, non lo so - così come mi sono apparsi. (4)

D: È stato detto che lei era un "revisore compulsivo". È un'affermazione corretta?

R: Giusta? Che cosa è giusto? Io ho rivisto. Per definirmi "revisore compulsivo", qualcuno deve aver visto i manoscritti e le bozze dei miei romanzi. Li ho rivisti in dettaglio prima della pubblicazione, modificando, aggiungendo e cancellando finché la pagina non è diventata un palinsesto praticamente illeggibile. Ogni volta che veniva richiesta una nuova edizione di un romanzo, coglievo l'occasione per rivederlo. Di solito i cambiamenti che apportavo erano piccole modifiche alla punteggiatura e alla struttura delle frasi. L'eccezione fu "Hide and Seek", dove i cambiamenti furono molto più ampi. Era dedicato al mio caro amico Charles Dickens e quindi dovevo renderlo il più perfetto possibile. Nella prefazione all'edizione del 1861 scrissi: Ho abbreviato, e in molti casi omesso, diversi passaggi... che richiedevano al lettore una pazienza maggiore di quella che ora ritengo auspicabile affrontare. (5)

D: Alcuni critici sostengono che "Nascondino" sia autobiografico a causa della comparsa del suo animale domestico "Snooks".

R: Ahimè, l'unica parte di "Nascondino" che era autobiografica era il mio caro gattino "Snooks". Ricordo di aver scritto a mia madre nel 1844, lamentandomi del comportamento della domestica nei suoi confronti:

L'altro giorno le ho fatto una lezione sulla disumanità. Nel suo zelo per la scienza o per la cucina (non so quale delle due cose) ha tentato di reintrodurre dal naso del gattino ciò che l'innocente animale aveva appena espulso come inutile da una parte opposta e inferiore del suo corpo. Charles (mio fratello) provò ad infierire sull'argomento con la cuoca. Io provai a fare filosofia con la cameriera. Lui ha fallito. Io ci riuscii - Purificato fu il naso di "Snooks". (6)

D: Le dispiacerebbe spiegare le sue idee sulla famiglia della narrativa?

R: Ritenendo che il romanzo e l'opera teatrale siano sorelle gemelle nella famiglia della narrativa; che l'uno sia un dramma narrato, come l'altro un dramma recitato; e che tutte le emozioni forti e profonde che lo scrittore di opere teatrali ha il privilegio di suscitare, anche lo scrittore di romanzi ha il privilegio di suscitare, non ho ritenuto né politico né necessario, pur aderendo alla realtà, aderire solo alla realtà quotidiana. In altre parole, non mi sono abbassato al punto di assicurarmi che il lettore creda nella verosimiglianza della mia storia, ma senza mai chiedergli di esercitare la sua fede. Quegli incidenti ed eventi straordinari che accadono a pochi uomini mi sono sembrati materiali legittimi per la narrativa - quando c'era un buon obiettivo nell'usarli - tanto quanto gli incidenti ed eventi ordinari che possono accadere, e accadono, a tutti noi. Facendo appello a fonti genuine di interesse all'interno dell'esperienza del lettore, potevo certamente guadagnare la sua attenzione; ma sarebbe stato solo facendo appello ad altre fonti (altrettanto genuine) al di fuori della sua esperienza, che avrei potuto sperare di fissare il suo interesse e di eccitare la sua suspense, di occupare i suoi sentimenti più profondi o di suscitare i suoi pensieri più nobili. (7)

D: Il ruolo del romanziere è quello di presentare il realismo ai suoi lettori?

A: A quelle persone che dissentono dagli ampi principi qui esposti, che negano che la vocazione del romanziere sia quella di fare qualcosa di più del semplice divertimento, che rifuggono da ogni riferimento onesto e serio nei libri, a soggetti a cui pensano in privato e di cui parlano in pubblico ovunque, che vedono implicazioni occulte dove non c'è nulla di sottinteso e allusioni improprie dove non si allude a nulla di improprio; la cui innocenza è nella parola e non nel pensiero; la cui moralità si ferma alla lingua e non arriva mai al cuore - a queste persone riterrei una perdita di tempo, e peggio, offrire ulteriori spiegazioni dei miei motivi, oltre a quelle sufficienti che ho già dato. Non mi rivolgo a loro in questa intervista e non penserò mai di rivolgermi a loro in nessun'altra. (8)

D: In "No Name" credo che lei abbia tentato qualcosa che nessun romanziere aveva mai tentato prima.

R: L'unico segreto contenuto nel libro è stato rivelato a metà del primo volume. Da quel momento, tutti gli eventi principali della storia sono stati volutamente preannunciati prima che si verificassero - il mio progetto era quello di suscitare l'interesse del lettore nel seguire le circostanze che hanno portato a quegli eventi previsti. Nel tentare questo nuovo terreno, non ho voltato le spalle al terreno che avevo già percorso. Il mio unico obiettivo nel seguire un nuovo corso era quello di ampliare la gamma dei miei studi nell'arte della scrittura narrativa e di variare la forma in cui fare appello al lettore, nel modo più attraente possibile. (9)

NESSUN NOME

La prima scena

Le lancette dell'orologio del salone indicavano le sei e mezza del mattino. La casa era una residenza di campagna nel West Somerset Shire, chiamata Combe-Raven. Il giorno era il 4 marzo e l'anno era il 1846.

Nessun suono, a parte il ticchettio costante dell'orologio e il russare bitorzoluto di un grosso cane steso su una stuoia fuori dalla porta della sala da pranzo, disturbava la misteriosa quiete mattutina del corridoio e delle scale. Chi erano i dormienti nascosti nelle regioni superiori? Lasciamo che la casa riveli i suoi segreti; e che i dormienti si rivelino uno per uno, mentre scendono le scale dai loro letti.

Quando l'orologio segnò le sette meno un quarto, il cane si svegliò e si scosse. Dopo aver atteso invano il cameriere, che era solito farlo uscire, l'animale vagò inquieto da una porta chiusa all'altra del piano terra; e tornando alla sua stuoia con grande perplessità, fece appello alla famiglia addormentata con un lungo e malinconico ululato.

Prima che le ultime note del richiamo del cane si fossero spente, le scale di quercia nelle zone più alte della casa scricchiolarono sotto i passi che scendevano lentamente. In un minuto ancora fece la sua comparsa la prima delle donne di servizio, con uno scialle di lana logoro sulle spalle, perché la mattina di marzo era cupa e i reumatismi e la cuoca erano vecchie conoscenze.

Accogliendo le prime cordiali avances del cane con la peggiore grazia possibile, la cuoca aprì lentamente la porta del salone e fece uscire l'animale. Era una mattina selvaggia. Su un prato spazioso e dietro una piantagione nera di abeti, il sole nascente si faceva strada attraverso cumuli di nuvole grigie e lacerate; pesanti gocce di pioggia cadevano poche e lontane tra loro; il vento di marzo faceva tremare gli angoli della casa e gli alberi bagnati ondeggiavano stancamente. (10)

D: Sono certo che i nostri lettori sono incuriositi e correranno nella loro libreria locale per scoprire cosa succede. Per coloro che non hanno letto "Senza nome", le dispiacerebbe spiegare le premesse del libro?

R: Lo scopo principale della storia è fare appello all'interesse del lettore per un argomento che è stato il tema di alcuni dei più grandi scrittori, vivi e morti, ma che non è mai stato esaurito e non potrà mai esserlo, perché è un argomento eternamente interessante per tutta l'umanità. È un altro libro che ritrae la lotta di una creatura umana, sotto le influenze opposte del Bene e del Male, che tutti abbiamo sentito, che tutti abbiamo conosciuto. (11)

D: "Senza nome" racconta come un brutale scherzo del destino altera l'esistenza di due sorelle. Raramente i romanzi scritti su argomenti così seri sono caratterizzati dall'umorismo.

R: Ho cercato di dare sollievo ai passaggi più seri del libro, non solo perché mi ritenevo giustificato a farlo dalle leggi dell'arte, ma perché l'esperienza mi ha insegnato che non esiste un fenomeno morale come la tragedia non mescolata da trovare nel mondo che ci circonda. Guardiamo dove possiamo, i fili oscuri e la luce si incrociano perennemente nella trama della vita umana. (12)

D: Nessuno scrittore si è avvicinato a lei, signor Collins, nell'attirare i lettori nel mondo che ha creato. Un esempio perfetto che mi viene subito in mente è il suo racconto: "Il signor poliziotto e il cuoco" - le dispiacerebbe leggere i primi paragrafi del racconto?

R: Se il tempo me lo consentisse, lo leggerei per intero. Tuttavia, per motivi di tempo, questi pochi paragrafi devono essere sufficienti:

MR. IL POLIZIOTTO E IL CUOCO
Una prima parola per me stesso
Una sera, prima che il dottore mi lasciasse, gli chiesi quanto avrei potuto vivere ancora. Mi rispose: "Non è facile dirlo; potrebbe morire prima che io possa tornare da lei domattina, oppure potrebbe vivere fino alla fine del mese".

Il mattino seguente ero abbastanza vivo da pensare ai bisogni della mia anima e (essendo membro della Chiesa cattolica romana) da mandare a chiamare il sacerdote.

La storia dei miei peccati, raccontata in confessione, includeva la colpevole negligenza di un dovere che dovevo alle leggi del mio Paese. Secondo il sacerdote - e io ero d'accordo con lui - ero tenuto a riconoscere pubblicamente la mia colpa, come atto di penitenza che si addice a un inglese cattolico. Concludemmo quindi di provare a dividere i compiti. Io raccontai le circostanze, mentre Sua Eccellenza prese la penna e diede forma alla questione.

Ecco cosa ne venne fuori: - (13)

Ancora una volta, cari lettori, per sapere cosa accadde dovrete leggere il libro!

D: Ha qualche consiglio da dare agli scrittori del futuro?

R: Fateli ridere, fateli piangere, fateli aspettare. (14)

Quando il signor Collins ha terminato di parlare, si è affievolito e si è spento per un secondo, per poi scomparire. Le sue ultime parole riecheggiarono nella mia mente, mentre le ripetevo sulla lingua: "Fateli ridere, fateli piangere, fateli aspettare". Parole da vivere!

Ecco alcune delle opere del signor Collins che dovreste assolutamente inserire nella vostra lista di libri da leggere:

Armadale

La donna in bianco
Senza nome
La pietra di luna
Basil: Una storia di vita moderna
I soldi della mia signora
L'eredità di Caino
Nascondino
Uomo e moglie
Piccoli romanzi
Il segreto dei morti
La regina di cuori
Il matrimonio di Gabriel
Passeggiate oltre le ferrovie
Senza strada
Povera Miss Finch
Gli abissi ghiacciati e altre storie
La legge e la signora
Le foglie cadute
Il genio del male
La veste nera
L'albergo stregato
Amore cieco
Il giro pigro di due apprendisti oziosi.

Per ora, CHEERIO!
Cathy McGough
Il vostro intervistatore di scrittori leggendari dell'aldilà

CONOSCERE IL PROPRIO MEZZO DI COMUNICAZIONE

Poiché stiamo intraprendendo questa avventura insieme, è molto appropriato includere un'intervista con la persona che ha contribuito a rendere possibile questo libro: la mia amica Madame Delatour.

Vi chiederete perché non avete mai visto Madame Delatour prima d'ora, e forse vi chiederete perché non abbiamo colto l'opportunità che ci viene offerta da questo libro inserendo una sua fotografia.

Ahimè, non è possibile. Perché il "dono" di Madame Delatour la rende poco fotogenica. Infatti, potrebbe perdere alcuni o tutti i suoi poteri se qualcuno la fotografa. Pertanto, vi preghiamo di tenere lontane le macchine fotografiche in sua presenza, signore e signori.

E a proposito di signori, molti di coloro che hanno letto parte di questo libro sotto forma di rubrica (per non parlare di almeno uno dei nostri Scrittori Leggendari dell'Aldilà) hanno chiesto se la nostra Madame Delatour è sposata o legata in qualche modo. Vi assicuro che è single.

Madame Delatour è nata il 31 dicembre 1950 a Parigi, in Francia. Non è mai stata sposata e cerca un partner che non sia geloso delle sue capacità speciali. Ha un debole per gli uomini con l'accento scozzese (come potrete vedere voi stessi quando incontreremo Robbie Burns). Se desiderate corrispondere con Madame Delatour, fatelo tramite il nostro editore. Allegate una vostra foto e una copia certificata del vostro patrimonio netto. Madame Delatour risponderà solo a quei signori che hanno "le carte in regola".

Innanzitutto, devo dire che io e Madame Delatour abbiamo discusso sul luogo dell'intervista. Ho suggerito la mia umile dimora, che era stata sufficiente per Shelley, Coleridge, Longfellow e altri, ma lei ha ritenuto la mia idea assurda. Voleva essere coccolata, così decisi di spendere un sacco di soldi!

In questo momento stiamo girando per la città di Sydney, in Australia, rilassandoci nel suo elegante e raffinato (per non dire costoso) ristorante chiamato "Centrepoint", che prende il nome dalla sua posizione.

Madame Delatour è vestita di tutto punto per l'occasione. Indossa un abito da sera in lamé dorato con centinaia, forse migliaia, di paillettes a forma di palla di specchio e un paio di scarpe di vernice nera con tacco di tre pollici. Sfoggia grandi orecchini d'oro e diversi braccialetti su ogni polso. Madame Delatour mi sovrasta, dato che io sono solo un metro e settanta, mentre lei è un metro e ottanta a piedi nudi.

Mentre camminiamo verso il nostro tavolo, non è sorprendente che tutti si girino a guardarci. Gli orecchini e i braccialetti di Madame Delatour fanno la loro solita musica in sintonia con i nostri passi mentre veniamo accompagnati al nostro tavolo. Prendiamo posto in tempi relativamente brevi e sospiriamo all'unisono, guardando Sydney in tutto il suo splendore notturno.

Le luci scintillano a perdita d'occhio e intorno a noi le stelle si uniscono a noi, sembrando competere con le luci della terra per vedere quali sono le più luminose. Madame Delatour (o Blanchetta, come la chiameremo d'ora in poi) ordina non uno, ma due Mai Tai, entrambi per il suo consumo. Io ordino un Black Russian e poi inizia la nostra intervista.

D: Blanchetta, come ha scoperto il suo "dono" unico?

R: L'ho scoperto all'età di quattro anni. Mio nonno mi comprò un triciclo e mi spingeva mentre lo cavalcavo, e insieme ridevamo e giocavamo. Era un momento molto speciale e gli volevo molto bene. Ogni volta che suonavo il campanello d'oro che aveva attaccato al manubrio, lui gridava: "Attenti tutti, sta arrivando Etta!". Etta era il suo nome speciale per me.

Poco dopo la festa del mio quarto compleanno, mio nonno morì. Da allora mi rifiutai di avvicinarmi al mio triciclo. I miei genitori fecero di tutto per incoraggiarmi a pedalare, perché sapevano che mi piaceva tanto, ma non potevo. Non volevo. (Anche da piccola ero molto volitiva e testarda quando mi faceva comodo). In questo caso, senza mio nonno, il triciclo perse il suo scopo.

Un pomeriggio, ero in giardino e cominciò a sputare. Non volevo entrare in casa. Il mio triciclo era seduto in cortile e sembrava solo senza di me. Non volevo che si bagnasse. Avevo paura che la pioggia potesse danneggiare il campanello. Sapevo che il nonno non avrebbe approvato la mia negligenza.

Così cominciai a spingerla e presto le lacrime cominciarono a scorrere sul mio viso. Mi mancava mio nonno e desideravo sentirlo chiamare il mio nome. Nessuno mi chiamava più "Etta". Era come se una parte di me fosse morta con lui.

Il nonno trovava sempre del tempo per me e senza di lui mi sentivo sola. Alzai gli occhi al cielo e suonai con sfida la campana. La suonai e la suonai mentre le lacrime mi scendevano sul viso. Le gocce di pioggia si unirono a me, quasi come se sapessero quanto fosse solitaria e miserabile la mia vita senza di lui.

All'improvviso, le sue mani erano sulle mie spalle e disse: "Attenti tutti, sta arrivando Etta!" e io suonavo la campana e lui mi spingeva, e noi ridevamo e giocavamo, e la pioggia scendeva sempre più forte.

Blanchetta prese un fazzoletto dalla borsetta e si asciugò le lacrime dagli occhi. Si esibì in un soffio di naso simile a una tuba, così forte che tutti girarono la testa verso di noi e ci fissarono. Io mi aggiravo per la stanza, combattendo le lacrime e accarezzando la mano di Blanchetta. Era inconsolabile; così ordinai un altro Mai Tai. Blanchetta lo gettò indietro e continuò a raccontare la sua storia.

Sapevo allora di avere un dono speciale. Ma avevo paura di quello che sarebbe successo se l'avessi detto a qualcuno, così ho mantenuto il segreto.

D: Hai mai usato il tuo "dono" per aiutarmi con i compiti e gli esami?

R: Sì, devo ammettere che l'ho fatto. La mia prima esperienza di lettura di un'opera di William Shakespeare è stata dans L'Ecole. La nostra insegnante scelse "Come vi piace" e io non riuscivo a capire perché il nostro programma prevedeva un'opera così difficile. Non saprò mai perché il nostro programma di studi prevedeva un'opera così difficile.

Così contattai il "Bardo" in persona per farmi da tutor personale. Gli parlai dei problemi che avevo nel capire "Come vi piace" e il signor Shakespeare divenne

Jacques, recitando il suo soliloquio con passione. Lo vedo ancora oggi davanti a me:

COME TI PIACE
Atto II, Scena VII
Tutto il mondo è un palcoscenico,
e tutti gli uomini e le donne sono solo attori;
Hanno le loro uscite e le loro entrate,
E un uomo, nel suo tempo, recita molte parti,
I suoi atti sono sette età. All'inizio, il bambino,
che piagnucola e vomita tra le braccia dell'infermiera.
Poi lo scolaretto piagnucolante, con la sua cartella
e la faccia lucida del mattino, strisciando come una lumaca
che striscia come una lumaca verso la scuola. E poi l'amante,
sospirando come una fornace, con una triste ballata
fatta al sopracciglio della sua amante. Poi un soldato,
pieno di strani giuramenti e con la barba come il pardo
Geloso nell'onore, improvviso e veloce nel litigio,
cercando la reputazione della bolla
anche nella bocca del canonico. E poi la giustizia,
con un bel ventre rotondo e un buon cappone foderato,
con occhi severi e barba di taglio formale,

Pieno di saggi e di esempi moderni;

E così recita la sua parte. La sesta età si trasforma

Nel pantalone magro e sdrucito

Con gli occhiali sul naso e il marsupio sul fianco;

La sua calzamaglia giovanile, ben conservata, è troppo larga per il suo stinco rattrappito.

per il suo stinco rattrappito e la sua grande voce virile,

che si è trasformata di nuovo in un acuto infantile, in tubi

e fischietti. L'ultima scena di tutti,

che conclude questa strana storia movimentata,

è la seconda infantilità e il mero oblio,

Senza denti, senza occhi, senza gusto, senza tutto. (1)

Il soliloquio di Madame Delatour suscitò una standing ovation da parte della folla. Quando scese dal tavolo si inchinò al pubblico. Il cameriere arrivò con una bottiglia di Dom Perignon e stappò il tappo mentre gli applausi continuavano. Insieme, Madame Delatour e io alzammo i nostri bicchieri in segno di apprezzamento per il regalo donato da un commensale e l'intervista continuò.

Dopo che il signor Shakespeare ha terminato la sua recitazione, ho capito! Oltre a essere un drammaturgo e poeta di successo, Mr. Shakespeare aveva anche un talento nascosto per la recitazione. Mi implorò di vedere le sue opere dal vivo, quando possibile, per poterle apprezzare appieno.

Gli spiegai che le sue opere erano ancora rappresentate dal vivo in tutto il mondo. Sembrava soddisfatto della sua longevità e poi ho menzionato i dibattiti che si sono svolti negli anni riguardo alla paternità delle sue opere. Non sembrava sorpreso da alcune false accuse, ma è rimasto veramente sbalordito quando ho rivelato l'ipotesi che le avesse scritte la sua cara moglie Anne Hathaway.

Oltre a Shakespeare, ho incontrato e parlato con Albert Einstein, Alexander Graham Bell, Mahatma Gandhi, Winston Churchill e innumerevoli altri. Con il passare del tempo, ho capito, grazie alla pianificazione e alla concentrazione, che potevo trattenere i miei ospiti un po' più a lungo ad ogni contatto. Oggi il tempo massimo per cui riesco a trattenere un ospite è di trenta minuti.

D: Si è mai innamorato di qualcuno di coloro che ha contattato?

R: Una mattina del 1972 mi sono svegliato e Jim Morrison, lo splendido cantante dei Doors, era nel letto accanto a me! Sì, è vero!

Era sdraiato lì, nudo dalla vita in su (e non ero sicura di quale fosse lo stato in cui si trovava sotto le coperte!) Stava fissando il soffitto, con entrambe le braccia che gli cullavano la testa e cantava "Riders in the storm, riders in the storm, into this world we're born, into this world we're thrown, like a dog without a bone, an actor without a home, riders on the storm".
(2)

All'inizio ero troppo scioccata per dire qualcosa. Mi accoccolai modestamente le coperte intorno al collo arrossendo furiosamente.

Jim si girò su un fianco, si appoggiò su un gomito e smise di cantare a metà frase. Mi guardò profondamente negli occhi. Il mio cuore batteva come un uccello in gabbia. Disse: "Credo che tu abbia una o due domande da farmi".

Mi scervellai per pensare a qualcosa da dire, ma la mia mente era vuota. Sbottai, qualcosa che non aveva assolutamente senso e lui prontamente gettò via le coperte e si alzò in piedi (indossava pantaloni neri, grazie a Dio!).

Cominciò a saltare su e giù sul mio letto cantando "Ciao, ti amo non mi dici il tuo nome, ciao ti amo fammi saltare sul tuo gioco". (3)

Pensavo che il tetto stesse per crollare (per non parlare del mio letto!) Ho sentito mia madre e mio padre gridare al piano di sotto "Arret Arret! Blanchetta Arret!"

Jim continuava a cantare e a saltare, come un bambino sul trampolino. Io ridevo istericamente e piangevo allo stesso tempo. Rimasi congelata come un cervo preso alla sprovvista quando sentii mia madre e mio padre che salivano le scale. Una volta arrivati alla mia porta, cominciarono a picchiare. (Per fortuna di notte chiudevo sempre a chiave la porta della mia camera da letto).

Jim salutò, saltò più in alto che poteva e scomparve nel soffitto. Non ho mai dimenticato il nostro incontro e da allora gli voglio bene. Spesso guardo le repliche della sua apparizione all'"Ed Sullivan Show" e il mio cuore torna a battere forte. Questa è la cosa peggiore del mio "dono".

D: Intende dire che, una volta riportato qualcuno sulla terra, non si può più entrare in contatto con lui o lei?

R: A volte, mentre passo da un periodo all'altro, le persone dall'altra parte cercano di attirare la mia attenzione. Immaginatevi di vorticare attraverso le epoche e varie persone morte, a volte malvagie, a volte buone e quasi sempre molto famose, vi afferrano, cercano di aggrapparsi alle vostre code. Cercano di costringervi a portarli con voi per avere l'opportunità di entrare di nuovo in questa vita, anche se solo per pochi minuti.

D: A volte il male? Per favore, spieghi!

R: Rabbrividisco al pensiero di quando Jack lo Squartatore mi ha afferrato e ha cercato di farsi strada attraverso il portale del tempo fino al presente. Stavo fissando un appuntamento per un'intervista con Lord Tennyson, quando Jack ha interrotto in modo così sgarbato e ha cercato di sabotare il processo. Ho dovuto interrompere i contatti con il signor Tennyson e lottare per impedire a Jack di prendere il controllo. Era più forte di quanto potessi immaginare. Ci volle tutto quello che possedevo per scrollarmelo di dosso.

La mia mente tornò a quel giorno in cui Madame Delatour svenne. Solo i sali l'hanno riportata a noi. Quando si riprese, tremava dalla testa ai piedi. Due grandi Chivas Regal lisci hanno contribuito a calmare i suoi nervi. Dopo un po' di automedicazione, insistette per cercare di contattare ancora una volta Lord Tennyson.

Ho protestato, dicendo che avremmo dovuto aspettare fino a quando non avesse avuto tutto il tempo di riprendersi, ma Blanchetta ha esclamato: "Jack lo Squartatore ha causato abbastanza panico ai suoi tempi per tutta la vita e non terrorizzerà il futuro". L'intervista con Lord Tennyson proseguì senza intoppi.

D: Un poeta sembra parlarle molto spesso: Lord Byron. Si è messo in contatto con lei ultimamente?

R: Oh sì, sì. Se non ho nessuno da contattare, è lui che mi contatta. Sta aspettando con ansia la vostra intervista. Ha molto da dire e capisce che dobbiamo dare priorità alle interviste in base alle richieste. È molto civettuolo e si rivelerà un soggetto interessante.

D: Vuole raccontare a tutti come abbiamo conosciuto Blanchetta?

R: Eravate in Francia, alla Torre Eiffel. Era il 1996. Stavi facendo un viaggio per riscoprire la tua Musa. Io stavo cercando di fuggire dal mio "dono". Ci incontrammo alla Torre Eiffel e parlammo a lungo. Ho cercato di aiutarti citando una poesia di Charles Baudelaire:

Nulla esiste senza uno scopo.

Pertanto, la mia esistenza ha uno scopo. Quale scopo?

Non lo so.

Non sono io, quindi, ad averlo assegnato.

È quindi qualcuno più colto di me.

Pertanto, devo pregare affinché quel qualcuno mi illumini.

Questa è la risoluzione più saggia. (4)

Mentre parlavo, apparve Charles Baudelaire. In seguito, io e lei siamo diventati amici. Ci scrivevamo, parlando sempre di poesia, scrittori e letteratura.

Alla fine abbiamo deciso di invitare il mondo a condividere le nostre interviste con gli scrittori leggendari dell'aldilà. È così che è nata l'idea di questo libro.

In quel momento è arrivato il cibo e la nostra intervista si è conclusa bruscamente. Spero comunque che vi sia piaciuto conoscere Madame Delatour.

Bon Appetit!

Cathy McGough

Il vostro intervistatore di scrittori leggendari dell'aldilà

CAPODANNO CON ROBBIE BURNS

Benvenuti tutti al Tam O'Shanter Pub. Bevete un bicchierino mentre aspettiamo l'arrivo del nostro ospite d'onore: il signor Robbie Burns!

Nel frattempo, lasciate che vi parli un po' di lui. Robbie Burns nacque il 25 gennaio (oggi celebrato come Robbie Burns Day) in una furiosa bufera di neve nell'Ayrshire, in Scozia, nel 1759. Suo padre era un agricoltore e Robbie cercò in tutti i modi di seguire le sue orme, ma il suo cuore non era in grado di farlo. Il suo cuore voleva cantare e librarsi nelle Highlands scozzesi, che amava così tanto.

Purtroppo, a Robbie furono diagnosticati i sintomi di un cuore reumatico e quindi non rimase a lungo in questo mondo. Morì nel 1796, lasciando un repertorio straordinario.

Per conoscere meglio Robbie Burns, il suo cuore e la sua mente, è necessario leggere tutto ciò che ha scritto. Più leggete, più il suo spirito vi sarà rivelato.

Madame Delatour mi ha appena fatto cenno che si recherà in una zona appartata nel retro del pub per contattare il signor Burns, che dovrebbe quindi essere con noi tra pochi istanti.

Nel frattempo, ho chiesto alla folla sempre più numerosa di fare piano, per non intimidire il signor Burns. Quando si sentirà a suo agio nel nuovo ambiente, gli chiederò il permesso di permettere a questa banda di scalmanati di unirsi a noi. Spero solo che riescano a contenere la loro eccitazione abbastanza a lungo! Dopo tutto, questo pub è stato intitolato a Robbie Burns e tutti coloro che si riuniscono qui, si riuniscono in suo nome.

Cominciamo con una poesia che Robbie scrisse in un periodo molto buio, quando pensava di lasciare la Scozia per sempre:

IL LAMENTINO

Sulle scogliere avvolte dalla nebbia della loro montagna solitaria,

dove i venti selvaggi dell'inverno imperversano incessantemente,

quali dolori mi torcono il cuore mentre osservo con attenzione

il cupo percorso della tempesta sul petto dell'onda!

Voi, flutti dalle creste spumeggianti, permettetemi di piangere,

prima che mi gettiate lontano dalla mia amata riva natia;

Dove il fiore che sbocciò più dolcemente nella verde valle di Coila,

l'orgoglio del mio petto, la mia Maria non c'è più!

Non vagheremo più lungo le rive del ruscello,

e sorrideremo al volto della luna che si perde nell'onda;

Non più le mie braccia si stringeranno con affetto intorno a lei,

perché le gocce di rugiada del mattino cadranno fredde sulla sua tomba.

Non più il dolce brivido dell'amore mi scalderà il petto;

Mi affretto con la tempesta verso una riva lontana;

dove, sconosciute e non rimpiante, riposeranno le mie ceneri,

e la gioia non si rivedrà più nel mio petto. (1)

Madame Delatour attirò la mia attenzione confermando che il nostro visitatore era arrivato.

Presi una bottiglia di whisky scozzese al malto Glenfiddich, diversi bicchieri, noci miste e pretzel e mi diressi verso la stanza sul retro. Il proprietario del pub si era offerto di far portare la bottiglia su un vassoio dalla sua barista piuttosto formosa, ma francamente non volevo e non ho bisogno di competere per attirare l'attenzione del signor Burns.

La sala era in fermento per l'arrivo del Bardo. Cercai di catturare la loro attenzione senza fortuna. Alla fine dovetti ricorrere a un vero e proprio assalto alle loro orecchie con un forte colpo di fischietto da capitano, che portavo al collo.

Grazie al cielo, il clamore è terminato all'istante, così ho avuto l'opportunità di chiedere loro di fare meno rumore. Dopo tutto non volevamo spaventare il signor Burns.

Il suo nome provocò un altro tumultuoso boato, che misi a tacere offrendomi di offrire il prossimo giro di bevande e poi andandomene di corsa. Guardai alle mie spalle il caos che avevo creato e sperai che il barman mi perdonasse.

Quando sbirciai attraverso l'oblò che dava sul retro del locale e vidi Robbie Burns in piedi, rimasi a bocca aperta.

Era bellissimo e sfoggiava una fossetta devastante sul mento (che mi ricordava quella di Cary Grant). Era alto quasi un metro e ottanta, aveva i capelli neri come il carbone e anche da lontano potevo vedere che aveva dei misteriosi occhi scuri. I suoi occhi li classificherei facilmente come occhi da camera da letto - e capii subito perché aveva una tale reputazione con le signore.

Madame Delatour era seduta, e lo guardava con le palpebre in subbuglio, quando entrai nella stanza e mi presentai. Le mie ginocchia si indebolirono quando lui prese il pesante vassoio dalle mie mani e lo posò sul tavolo. Poi versò un bicchiere di scotch per ciascuno di noi e sorrise mentre i suoi occhi vagavano per la stanza.

Ansioso di iniziare il colloquio, guardai Madame Delatour negli occhi - da lei alla porta, poi di nuovo a lei - ma lei non sembrò cogliere l'antifona.

Dato che il tempo stringeva, non avevo scelta e le diedi un leggero calcio sotto il tavolo. Questo sembrò fare il suo effetto.

Madame Delatour uscì, con la scusa di offrirci un po' di privacy, poi mi guardò male mentre sbatteva contro le porte a battente.

Sebbene si sia giustificata per lasciarci al nostro colloquio, ero sicuro che fosse andata dalle signore a darsi una rapida spruzzata di acqua fredda sul viso. Il signor Burns aveva fatto una buona impressione a Madame Delatour.

Nel giro di pochi secondi, non mi sentii più una star e diedi il benvenuto al signor Burns al Tam o'Shanter Pub di Sydney, in Australia.

Nel caso in cui Blanchetta non lo avesse informato, gli spiegai che stavamo per inaugurare l'anno 2003. Poi è iniziata la nostra intervista.

D: Chi l'ha ispirata da bambino?

R: Quando ero bambino e ragazzo devo molto a un'anziana signora di nome Betty Davidson, che fu accolta dalla nostra famiglia. Betty era notevole per la sua ignoranza, credulità e superstizione. Aveva, credo, la più grande collezione del Paese di racconti e canzoni riguardanti diavoli, fantasmi, fate, brownie, streghe, stregoni, fattucchiere, elfi, luci morte, spettri, apparizioni, cantrapi, giganti, torri incantate, draghi e altre diavolerie. Tutto ciò coltivava i semi latenti della poesia, ma aveva un effetto così forte sulla mia immaginazione che ancora oggi, nelle mie scorribande notturne, a volte tengo d'occhio i luoghi sospetti; e anche se nessuno può essere più scettico di me in queste cose, spesso ci vuole uno sforzo di filosofia per scrollarsi di dosso questi terrori inutili. (2)

D: Il suo talento per la scrittura è stato riconosciuto allora?

R: Quando ero bambino, ero molto noto per la mia memoria ritentiva, per la mia indole testarda e robusta e per la mia entusiastica pietà idiota. Dico pietà idiota, perché allora ero solo un bambino. Anche se mi costò qualche bastonata da parte del maestro di scuola, fui un eccellente studioso di inglese e all'età di dieci o undici anni ero un critico di sostantivi, verbi e particelle. (3)

D: Quali libri hanno catturato la sua immaginazione da ragazzo?

R: I primi due libri che ho letto in privato, e che mi hanno dato più piacere di tutti quelli che ho letto in seguito, sono stati "La vita di Annibale" e "La storia di Sir William Wallace".

Annibale diede una tale svolta alle mie giovani idee che mi pavoneggiavo su e giù dietro al tamburo di reclutamento e alla cornamusa, augurandomi di essere abbastanza alto da diventare un soldato; mentre la storia di Wallace riversò nelle mie vene un pregiudizio scozzese che rimarrà sempre nel mio cuore e nella mia mente. (4)

D: Perché ha iniziato a scrivere poesie?

R: Per divertirmi con le piccole creazioni della mia fantasia, tra le fatiche e gli affanni di una vita laboriosa; per trascrivere i vari sentimenti - gli amori, i dolori, le speranze, le paure - nel mio petto; per trovare una sorta di contrappeso alle lotte di un mondo, sempre una scena estranea, un compito poco adatto alla mente poetica - questi erano i miei motivi per corteggiare le Muse, e in questi ho trovato che la Poesia fosse la sua stessa ricompensa. (5)

D: Non ha mai pensato di pubblicare?

R: Nessuna delle mie opere è stata composta in vista della stampa. Pur essendo un rimautore fin dai primi anni di vita, almeno dai primi impulsi delle passioni più morbide, solo molto tardi l'applauso, forse la parzialità dell'amicizia, ha risvegliato la mia vanità al punto da farmi pensare che le mie opere meritassero di essere mostrate. (6)

D: Una volta che ha visto le sue opere stampate, sicuramente ha capito di essere un poeta di talento?

R: Mi presentai al pubblico con timore e tremore. Io, un bardo oscuro e senza nome, mi sentivo in soggezione al pensiero di essere bollato come - una testa di legno impertinente, che imponeva al mondo le mie sciocchezze; e, poiché riuscivo a mettere insieme un po' di filastrocche scozzesi, mi consideravo un poeta, di nessuna importanza, perbacco! (7)

D: Come è arrivato a scrivere la sua prima canzone?

R: Il genio poetico del mio Paese mi trovò all'aratro e mi gettò addosso il suo manto ispiratore. Mi ha chiesto di cantare gli amori, le gioie, le scene rurali e i piaceri agresti della mia terra natia, nella mia lingua natia; ho trasformato le mie note selvagge e prive di arte come lei mi ha ispirato. Mi sussurrò di venire in questa antica metropoli della Caledonia e di porre le mie canzoni sotto la sua onorata protezione: Allora obbedii ai suoi dettami. Come contadini, avevamo l'usanza di accoppiare un uomo e una donna come partner nelle fatiche del raccolto. Nel mio quindicesimo autunno la mia compagna era una creatura ammaliante, un anno più giovane di me.

La mia scarsa conoscenza dell'inglese mi impedisce di renderle giustizia in quella lingua; ma conoscete l'idioma scozzese: era una bonnie, sweet, sonsie lass. In breve, lei, del tutto inconsapevolmente, mi ha iniziato a quella passione deliziosa che, nonostante le delusioni acide, la prudenza da cavallo da gin e la filosofia da topo di biblioteca, considero la prima delle gioie umane, la nostra più cara benedizione! Tra le altre qualità che le ispiravano l'amore, cantava dolcemente; ed era la sua melodia preferita alla quale cercavo di dare un veicolo incarnato in rima.

Quando la mia ragazza cantò una canzone, che si diceva fosse stata composta dal figlio di un piccolo proprietario terriero di campagna, non vidi alcun motivo per cui non potessi fare la stessa rima di lui. (8)

Madame Delatour era tornata e ci spiava dall'oblò. Fortunatamente il signor Burns non la vide fare la scimmietta impertinente. Provò a soffiare baci nella sua direzione, ma non riuscì a farlo voltare. Infastidita e sconcertata, si arrese!

D: Si chiamava Mary Campbell: il tuo primo amore. Mi parli di lei.

R: Mary acconsentì a diventare mia moglie. Dovevamo essere separati e ci incontrammo in segreto la seconda domenica di maggio, in un luogo solitario sulle rive dell'Ayr. Ci trovammo ai lati di un piccolo ruscello spumeggiante. Immergemmo le mani nel limpido ruscello e, tenendo una Bibbia tra di noi, pronunciammo le nostre promesse l'uno all'altro. Poi ci siamo scambiati le Bibbie. In quella che diedi a Maria, avevo scritto: "E non giurerete sul mio nome falsamente. Io sono il Signore. Non giurerete su voi stessi, ma adempirete al Signore i vostri giuramenti". (9)

D: Robbie, ti farà molto piacere sapere che proprio la Bibbia è stata conservata e collocata nel monumento di Maria. (10)

Robbie tirò fuori il fazzoletto e si asciugò le lacrime dagli occhi mentre iniziava a recitare:

A MARIA IN CIELO
Tu, stella persistente, con un raggio che si attenua,
che ami salutare il primo mattino,
Ancora una volta ti sei ritirata nel giorno
La mia Maria dalla mia anima è stata strappata.
(11)

Versai a Robbie un altro drink, che lui gettò indietro e spinse il suo bicchiere verso di me per averne un altro. Mi meravigliai di come l'amore potesse esistere nel tempo e nello spazio e trattenni un fortissimo impulso a prenderlo tra le braccia e a confortarlo. Invece ho tenuto la mente concentrata e sono andata avanti con la domanda successiva.

D: Che consiglio darebbe agli scrittori nel 2003 e oltre?

R: Il miglior consiglio che posso dare è di conoscere se stessi. Fate di voi stessi uno studio costante. Soppesatevi, confrontatevi con gli altri. Osservate ogni mezzo di informazione, per vedere quanto terreno occupate come persona e come poeta. Studiate assiduamente il disegno e la formazione della natura, per vedere dove sono destinate le luci e le ombre del vostro carattere. (12)

All'improvviso cominciarono a suonare le cornamuse. Mancano pochi minuti alla mezzanotte!

D: Le dispiacerebbe cantare qualche canzone per aiutarci a inaugurare il nuovo anno? Fuori c'è un pubblico che vi aspetta. Posso chiedere loro di unirsi a noi?

R: Più siamo meglio è, dico sempre.

Robbie iniziò a cantare mentre gli zampognari entravano nella stanza e si univano a lui:

UNA ROSA ROSSA, ROSSA, ROSSA
O, My luve's like a red, red rose,
che è appena spuntata a giugno:
O, my luve's like the melodie
Che è dolcemente suonata in sintonia.
Come sei bella tu, mia bella ragazza,
così profondamente innamorato sono io;
E ti amerò ancora, mia cara,
finché i mari non si asciugheranno.
Finché i mari non si asciugheranno, mia cara,
e le rocce si scioglieranno al sole:
Ti amerò ancora, mia cara,
finché le sabbie della vita scorreranno.
E ti amo, mio unico amore!
E ti saluto per un po'!
E tornerò, mia cara,
Anche se fossero diecimila miglia. (13)

Ci siamo lasciati andare a un applauso tumultuoso, mentre Robbie si preparava per un bis. Non c'era modo che uscisse di lì senza aver fatto più di un brano!

IL MIO CUORE È NELLE HIGHLANDS

Il mio cuore è nelle Highlands, il mio cuore non è qui;

Il mio cuore è nelle Highlands, a caccia di cervi;

Inseguendo il cervo selvatico, e seguendo il capriolo -.

Il mio cuore è nelle Highlands, ovunque io vada.

Addio alle Highlands, addio al Nord!

Il luogo di nascita del valore, il paese del valore;

Ovunque io vaghi, ovunque io vaghi,

le colline delle Highlands mi piacciono per sempre.

Addio alle montagne alte e coperte di neve!

Addio agli strath e alle verdi valli sottostanti!

Addio alle foreste e ai boschi selvaggi!

Addio ai torrenti e alle forti inondazioni!

Il mio cuore è nelle Highlands, il mio cuore non è qui,

Il mio cuore è nelle Highlands a inseguire i cervi;

Inseguendo il cervo selvatico e seguendo il capriolo -.

Il mio cuore è nelle Highlands ovunque io vada. (14)

I tappi di sughero si stavano stappando e lo champagne scorreva e veniva versato in tutta la sala. Quando Robbie finì di cantare e prese il suo bicchiere in mano, iniziò il conto alla rovescia:

"10,9,8,7,6,5,4,3,2,1 - BUON ANNO!".

Ci alzammo tutti in piedi, spalla a spalla, con le braccia intorno all'altro e cominciammo a cantare:

AULD LANG SYNE

Dovrebbe essere dimenticata la vecchia conoscenza,
e mai più riportata alla mente?
Dovrebbe essere dimenticata una vecchia conoscenza?
E auld lang syne?
Cho - Per auld lang syne, mia cara,
Per auld lang syne,
Prenderemo ancora una tazza di gentilezza
Per auld lang syne!
E sicuramente voi sarete il vostro pint-stowp,
E sicuramente io sarò il mio,
E prenderemo ancora una tazza di gentilezza
Per auld lang syne!
Cho - Per auld lang syne, mia cara,
Per auld lang syne,
Prenderemo ancora una tazza di gentilezza
Per la vecchia notte di Natale!
Noi due abbiamo corso per le braes
E abbiamo dato un'occhiata ai gowan,
Ma abbiamo girovagato per un periodo di stanchezza
Sin' auld lang syne.
Cho - Per auld lang syne, mia cara,
Per auld lang syne,
Prenderemo ancora una tazza di bontà

Per auld lang syne!
Noi due abbiamo pagato nell'arsura
Frae morning sun til dine,
Ma il mare tra noi treccia ha ruggito
Sin' auld lang syne.
Cho - Per auld lang syne, mia cara,
Per auld lang syne,
Prenderemo una tazza di gentilezza ancora
Per auld lang syne! (15)

Robbie cominciò ad affievolirsi, anche se stava ancora guardando la nostra serenata. Tornò, e poi si affievolì ancora un po'.

Continuammo a cantare, perché era il più grande complimento che potessimo fargli. Amare il suo lavoro, sentire e comprendere le emozioni che ha provato quando ha scritto "Auld Lang Syne". Per noi era una tradizione e lo sarebbe sempre stata. Robbie Burns aveva conquistato un posto nei nostri cuori per sempre.

Spero che vogliate saperne di più su Robbie Burns. Plaudo a quanto segue:

Sulla morte di un bambino preferito
I diritti della donna
Tam o'Shanter
A una margherita di montagna
Il benvenuto del poeta al suo amato Auld Lang Syne
Il giovane rover delle Highlands
Lamento
Epitaffio di un bardo

Una notte d'inverno
Epigramma indirizzato a un artista
La sua risposta
Inverno: Una strofa
Amo il mio amore in segreto
Riga sulla morte dell'autore
Le selvagge montagne muschiose
Sui mari e lontano
Una visione
L'inverno della vita
Un violinista del Nord
Una dedica
Anna, il tuo fascino
Castello Gordon
Vai avanti, dolce uccello, e lenisci le mie preoccupazioni
Quanto è lunga e tetra la notte
Versi sulla morte dell'autore
L'uomo è stato fatto per piangere: una nenia
La legge della natura - Una poesia.

Beannachd leat!
Cathy McGough
Il vostro intervistatore di scrittori leggendari dell'aldilà

TWAIN SPIEGA COSA C'È IN UN NOME

BUONGIORNO A TUTTI! PRIMA che arrivi il nostro ospite d'onore, voglio prendermi un momento per rivelarvi una cosa.

Prima di iniziare a preparare questa intervista, non sapevo nulla di Mark Twain. Pensavo di conoscerlo - avendo letto: "Il principe e il povero", "Le avventure di Tom Sawyer", "Huckleberry Finn" e "Pudd'n'head Wilson". Pensavo di aver capito l'uomo dietro quei libri, ma mi sbagliavo.

Non entrerò nei dettagli della vita personale di Mark Twain, ma prima che arrivi, devo dirvi che se non leggete qualcosa sull'uomo, non potete capire i suoi scritti. È vero, potrete avere una comprensione superficiale, ma non riuscirete a capire che non era solo il più grande giullare d'America. Era anche uno dei più profondi filosofi americani.

Samuel Langhorne Clemens nacque il 30 novembre 1835 a Florida, nel Missouri. Prima di compiere trent'anni, vide molte gravi ingiustizie di cui un ragazzo non dovrebbe mai essere testimone. La tragedia circondava Twain nella sua vita personale e attraverso le crudeltà che vedeva nel mondo che lo circondava. Ormai era così disgustato dalla vita che si puntò una pistola carica alla testa, ma si accorse che non aveva il coraggio di premere il grilletto. (1)

Mentre riflettevo su ciò che il mondo avrebbe perso se il signor Twain si fosse tolto la vita -.

alzai lo sguardo e lo vidi camminare verso di me. Indossava un tailleur pantalone bianco, con uno chapeau bianco a larghe falde e scarpe marroni. Nella mano destra portava una pipa non accesa e i suoi occhi mi affascinarono con la loro dolcezza. Gli ho teso la mano, dandogli il benvenuto per la seconda volta a Sydney, in Australia. (La sua prima visita risale al 15 settembre 1885) (2).

Mi fece il cappello e poi si appoggiò al balcone per ammirare il panorama. Ascoltò il suo vecchio amico, la gazza, e poi si sedette al mio fianco. Gli offrii un grande e rinfrescante Mint Julep. Lo sorseggiò, chiaramente assaporandone il contenuto.

D: C'è un luogo in Australia che ha catturato la sua immaginazione?

R: Senza esitazione, le Blue Mountains. Un nome preciso. "Parola mia!", come dicono gli australiani, ma quel blu era di un colore straordinario. Profondo, forte, ricco, squisito; masse imponenti e maestose di blu - un blu dolcemente luminoso, un blu fumante, come se fosse vagamente illuminato da fuochi all'interno. Spegneva il blu del cielo, lo rendeva pallido e malsano, bianco e sbiadito. Un colore meraviglioso, semplicemente divino.

Un residente mi disse che quelle non erano montagne, ma mucchi di conigli. E mi spiegò che la lunga esposizione e le condizioni troppo mature dei conigli li facevano apparire così blu.

Forse quest'uomo aveva ragione, ma la lettura di molti libri di viaggio mi ha fatto diffidare delle informazioni gratuite fornite dai residenti non ufficiali di un Paese. I fatti che queste persone forniscono ai viaggiatori sono di solito errati, e spesso in modo intemperante. La peste dei conigli è stata davvero molto grave in Australia e potrebbe spiegare una montagna, ma non una catena montuosa, mi sembra. È un ordine troppo grande. (3)

D: C'è qualcos'altro che vorrebbe menzionare?

R: Sì, certo! La Melbourne Cup, la festa nazionale australiana. Sarebbe difficile sopravvalutare la sua importanza. Mette in ombra tutte le altre festività e giornate specializzate di qualsiasi tipo in quella congrega di colonie. Li mette in ombra? Potrei quasi dire che le oscura.

Ognuna di esse riceve attenzione, ma non da parte di tutti; ognuna di esse suscita interesse, ma non da parte di tutti; ognuna di esse suscita entusiasmo, ma non da parte di tutti; in ogni caso, una parte dell'attenzione, dell'interesse e dell'entusiasmo è una questione di abitudine e di costume, e un'altra parte è ufficiale e formale. La Giornata delle Coppe, e solo la Giornata delle Coppe, suscita un'attenzione, un interesse e un entusiasmo che sono universali - e spontanei, non occasionali.

La Giornata della Coppa è suprema, non ha rivali. Non mi viene in mente nessun giorno annuale specializzato, in nessun Paese, che possa essere chiamato con questo grande nome: Supremo. Non riesco a ricordare nessun giorno annuale specializzato, in nessun paese, il cui avvicinarsi infiammi l'intera terra con una conflagrazione di conversazioni e preparativi e anticipazioni e giubilo. Non c'è altro giorno che non sia questo; ma questo lo fa. (4)

D: Come ha scelto il suo nome?

R: Volevo qualcosa di breve, chiaro, definito, indimenticabile. Ho provato molte combinazioni, ma nessuna sembrava convincente. Poi, nel 1863, mi giunse la notizia che un vecchio pilota che conoscevo, Isaiah Sellers, era morto. Subito mi venne in mente il nome del Capitano Sellers. Era quello, era il tipo di nome che volevo. Non era banale, aveva tutte le qualità giuste: Sellers non ne avrebbe mai più avuto bisogno. Con questa linea di pensiero, mi venne in mente il nome di Mark Twain. Era un vecchio termine fluviale, un richiamo per i conduttori, che significava due braccia, dodici piedi. Era ricco di significato; era sempre un suono piacevole da sentire per un pilota in una notte buia; significava acqua sicura. (5)

D: Ha viaggiato in tutto il mondo, quale luogo o cosa l'ha impressionata di più?

R: La tomba di Adamo! Quanto è stato toccante, nella terra degli stranieri, lontano da casa, dagli amici e da tutti coloro che si preoccupavano per me, scoprire la tomba di un consanguineo. È vero, un parente lontano, ma pur sempre un parente. L'istinto infallibile della natura ne ha fatto un riconoscimento entusiasmante. La fonte del mio affetto filiale fu smossa fino alle sue più profonde profondità e io mi abbandonai a una tumultuosa emozione. Mi appoggiai a una colonna e scoppiai in lacrime. Non ritengo vergognoso aver pianto sulla tomba del mio povero parente morto. Chi volesse deridere la mia commozione, visiti lui stesso la Terra Santa e veda come vengono colpite le sue emozioni. (6)

D: Tom imparò una lezione preziosa il sabato in cui sua zia Polly gli fece imbiancare il recinto. Le dispiacerebbe leggere questo passaggio per noi?

R: Ah sì, Tom, sempre un ragazzo intraprendente:

LE AVVENTURE DI TOM SAWYER

Tom si disse che il mondo non era poi così vuoto. Aveva scoperto, senza saperlo, una grande legge dell'azione umana: per far sì che un uomo o un ragazzo desiderino una cosa, è sufficiente rendere la cosa difficile da ottenere. Se fosse stato un filosofo grande e saggio, come lo scrittore di questo libro, avrebbe compreso che il lavoro consiste in tutto ciò che un corpo è obbligato a fare e che il gioco consiste in tutto ciò che un corpo non è obbligato a fare. E questo lo aiuterebbe a capire perché costruire fiori artificiali o esibirsi su un tapis roulant è lavoro, mentre far rotolare birilli o scalare il Monte Bianco è solo divertimento. Ci sono ricchi signori in Inghilterra che guidano carrozze a quattro cavalli per venti o trenta miglia al giorno, in estate, perché il privilegio costa loro molto denaro; ma se venisse loro offerto un salario per il servizio che si trasformerebbe in lavoro, allora si dimetterebbero. (7)

D: Mio figlio sta per iniziare il primo anno di scuola. Ha qualche consiglio da dargli?

R: Digli che quando un bullo vuole fare a botte con lui, deve togliersi il cappotto, lentamente e deliberatamente, e guardarlo dritto negli occhi. Poi, sempre lentamente e deliberatamente, togliersi il giubbotto. Poi rimboccarsi le maniche e continuare a guardarlo dritto negli occhi. E se a questo punto l'avversario non è ancora scappato, è meglio che scappi lui stesso. (8)

D: Che tesoro ha creato con il personaggio di Pudd'n'head Wilson, così pieno di umorismo e saggezza. Ha una citazione preferita di quel libro?

R: Non esiste un carattere, per quanto buono e raffinato, che possa essere distrutto dal ridicolo, per quanto povero e privo di senso. Osservate l'asino, per esempio: il suo carattere è quasi perfetto, è lo spirito migliore tra tutti gli animali più umili, eppure vedete a cosa lo ha portato il ridicolo. Invece di sentirci complimentati, quando ci chiamano asino, rimaniamo nel dubbio. (9)

D: Nella sua raccolta ho scoperto una poesia contro la guerra di grande impatto. Mi spiega come è arrivato a scriverla?

R: La storia dell'umanità è poco più che un riassunto dello spargimento di sangue umano. Prima c'è stata una lunga serie di guerre, omicidi e massacri sconosciuti... Poi sono arrivate le guerre assire... Poi ci sono state le guerre egiziane, le guerre greche, le guerre romane, orribili inondazioni di sangue sulla terra... E sempre ci sono state guerre, ancora guerre - in tutta Europa, in tutto il mondo. A volte nell'interesse privato delle famiglie reali, a volte per schiacciare una nazione debole; ma mai una guerra iniziata da un aggressore per uno scopo pulito: non esiste una guerra del genere nella storia della razza. (10)

D: Le dispiacerebbe leggerlo per noi?

R: La conosco a memoria:

LA PREGHIERA DI GUERRA

O Signore nostro Dio, aiutaci a ridurre i loro soldati a brandelli sanguinosi con le nostre granate; aiutaci a coprire i loro campi sorridenti con le pallide forme dei loro patrioti morti; aiutaci ad affogare il tuono dei cannoni con le grida dei loro feriti che si contorcono nel dolore; aiutaci a distruggere le loro umili case con un uragano di fuoco; aiutaci a straziare i cuori delle loro vedove non colpevoli con un dolore inutile; aiutaci a farle uscire senza tetto con i loro figlioli per vagare senza amici attraverso i deserti della loro terra desolata, tra gli stracci, la fame e la sete, sotto le fiamme del sole d'estate e i venti gelidi d'inverno, con lo spirito spezzato, logorato dal travaglio, implorano il rifugio della tomba e gli viene negato - per il bene di noi che ti adoriamo, Signore, distruggi le loro speranze, rovina le loro vite, proteggi il loro amaro pellegrinaggio, appesantisci i loro passi, bagna il loro cammino con le lacrime, macchia la neve bianca con il sangue dei loro piedi feriti! Esaudisci la nostra preghiera, o Signore, e tua sarà la lode e la gloria ora e per sempre, Amen. (11)

D: Qual è il modo più rapido per catturare il cuore di un autore?

R: Ci sono tre modi infallibili per piacere a un autore, che formano una scala crescente di complimenti: 1. dirgli che avete letto uno dei suoi libri; 2. dirgli che avete letto tutti i suoi libri; 3. chiedergli di farvi leggere il manoscritto del suo prossimo libro. Il numero 1 vi ammette al suo rispetto; il numero 2 vi ammette alla sua ammirazione; il numero 3 vi porta chiaramente nel suo cuore. (12)

D: Ritiene che Orazio avesse ragione quando diceva: "Nessuno scrittore può far piangere gli altri se non ha pianto lui stesso"? (13)

R: Le parole non realizzano nulla, non danno vita a nulla, se non si è sofferto in prima persona della cosa che le parole cercano di descrivere. (14)

D: Ha qualche consiglio da dare agli scrittori dal 2003 in poi?

R: Usate un linguaggio semplice e lineare, parole corte e frasi brevi. Questo è il modo di scrivere in inglese, il modo moderno e il modo migliore. Attenetevi ad esso; non lasciate che si insinuino fluttuazioni, fiori e verbosità. Quando prendete un aggettivo, eliminatelo. No, non intendo completamente, ma uccidetene la maggior parte, così il resto avrà valore. Si indeboliscono quando sono vicini. Danno forza quando sono distanti. L'abitudine all'aggettivo, o all'abitudine alla parola, alla diffusione, alla fioritura, una volta che si è radicata in una persona, è difficile da eliminare come qualsiasi altro vizio. (15)

D: Credo che lei abbia una favola per dimostrare la sua tesi?

R: Sì, certo che ce l'ho!

UNA FAVOLA

C'era una volta un artista che aveva dipinto un quadro piccolo e molto bello, mettendolo in modo da poterlo vedere allo specchio. Disse: "Questo raddoppia la distanza e lo ammorbidisce, ed è due volte più bello di prima".

Gli animali del bosco ne vennero a conoscenza tramite il gatto di casa, che li ammirava molto perché era così colto, così raffinato e civile, così educato e di razza, e poteva dire loro tante cose che prima non sapevano e di cui poi non erano certi. Erano molto eccitati da questo nuovo pettegolezzo e facevano domande per comprenderlo appieno. Chiesero cosa fosse un quadro e il gatto spiegò.

"È una cosa piatta", disse, "meravigliosamente piatta, meravigliosamente piatta, incantevolmente piatta ed elegante. E così bello!".

Questo li eccitò quasi fino alla frenesia e dissero che avrebbero dato il mondo per vederlo.

Allora l'orso chiese: "Cos'è che la rende così bella?".

"È l'aspetto", disse il gatto.

Questo li riempì di ammirazione e di incertezza, ed erano più eccitati che mai.

Poi la mucca chiese: "Cos'è uno specchio?".

"È un buco nel muro", disse il gatto. "Ci si guarda dentro e si vede l'immagine, ed è così graziosa e affascinante ed eterea e stimolante nella sua inimmaginabile bellezza che la testa gira in continuazione e quasi si sviene per l'estasi".

L'asino non aveva ancora detto nulla; ora cominciò a sollevare dubbi. Disse che non c'era mai stato niente di così bello prima, e probabilmente non c'era neanche adesso. Disse che quando ci voleva un'intera cesta di aggettivi sesquipedali per sminuire una cosa bella, era tempo di sospetti.

Era facile capire che questi dubbi stavano avendo effetto sugli animali, così il gatto se ne andò offeso. L'argomento fu lasciato cadere per un paio di giorni, ma nel frattempo la curiosità si era riaccesa e si percepì una ripresa di interesse. Allora gli animali assalirono l'asino per aver rovinato quello che avrebbe potuto essere un piacere per loro, per il semplice sospetto che il quadro non fosse bello, senza alcuna prova che ciò fosse vero. L'asino non si scompose, rimase calmo e disse che c'era un modo per scoprire chi aveva ragione, se lui o il gatto: sarebbe andato a guardare in quel buco e sarebbe tornato per dire cosa vi aveva trovato. Gli animali si sentirono sollevati e gratificati e gli chiesero di andare subito, cosa che fece.

Ma non sapeva dove doveva stare e così, per errore, si mise tra il quadro e lo specchio. Il risultato fu che il quadro non ebbe scampo e non apparve.

Tornò a casa e disse: "Il gatto ha mentito. In quel buco c'era solo un culo. Non c'era traccia di una cosa piatta. Era un bel culo, e amichevole, ma solo un culo e niente di più".

L'elefante chiese: "L'hai visto bene e chiaramente? Gli eri vicino?".

"L'ho visto bene e chiaramente, o Hathi, re delle bestie. Ero così vicino che mi sono toccato il naso".

"Questo è molto strano", disse l'elefante; "prima il gatto era sempre sincero, per quanto abbiamo potuto capire. Lasciamo che un altro testimone ci provi. Vai, Baloo, guarda nella buca e vieni a riferire".

Così l'orso andò. Quando tornò, disse: "Sia il gatto che l'asino hanno mentito; nella buca non c'era altro che un orso".

Grande fu la sorpresa e la perplessità degli animali. Ognuno di loro era ora ansioso di fare la prova e di scoprire la verità. L'elefante li mandò uno alla volta.

Prima la mucca. Nella buca non trovò altro che una mucca.

La tigre non vi trovò altro che una tigre.

Il leone non vi trovò altro che un leone.

Il leopardo non vi trovò altro che un leopardo.

Il cammello trovò un cammello e nient'altro.

Allora Hathi si arrabbiò e disse che avrebbe avuto la verità, a costo di andare a prenderla lui stesso. Quando tornò, abusò di tutta la sua categoria di bugiardi e si accanì con una furia inappagabile contro la cecità morale e mentale del gatto. Disse che chiunque, tranne uno sciocco miope, poteva vedere che nel buco non c'era altro che un elefante.

MORALE, DA PARTE DEL GATTO

Potete trovare in un testo tutto quello che volete, se vi mettete tra il testo e lo specchio della vostra immaginazione. Forse non vedrete le vostre orecchie, ma ci saranno. (16)

Quando finì, il signor Twain cominciò a lasciarmi. Volevo raccontargli della sua stella sulla "Writer's Walk" a Circular Quay. Glielo dissi brevemente, mentre lui entrava e usciva di scena. Avrei voluto dirgli di più - purtroppo è scomparso. Le opere che seguono ricevono il mio più alto elogio:

Seguendo l'Equatore

Le avventure di Tom Sawyer

Vita sul Mississippi

Gli innocenti all'estero

Il principe e il povero

Pudd'n'head Wilson

Il diario di Adam

Lo straniero misterioso

Uno yankee del Connecticut alla corte del re

Shakespeare è morto?

Un monumento ad Adamo

Una parola umana da Satana

Come raccontare una storia

La mia prima bugia e come ne sono uscito

L'uomo che ha corrotto Hadleyburg

Era il Paradiso? O l'inferno?

Ci vediamo!

Cathy McGough

Il vostro intervistatore di scrittori leggendari dell'aldilà

COLERIDGE E IL FRUTTO DELLA PASSIONE

Salve a tutti! Oggi conosceremo Samuel Taylor Coleridge, nato il 21 ottobre 1772. Samuel era il figlio minore del rettore di Ottery, St. Mary, nel Devonshire, in Inghilterra.

Coleridge è uno scrittore raro, perché possedeva la straordinaria combinazione di filosofo, critico e poeta. Come filosofo e critico, Coleridge era in grado di vedere istantaneamente i risultati del suo lavoro. Come poeta, invece, Coleridge doveva aspettare che la sua Musa gli offrisse l'ispirazione.

Come poeta, Coleridge è stato definito "l'apostolo della bellezza" (1), un titolo piuttosto scoraggiante per chiunque.

Coleridge ha raggiunto questo status scrivendo strofe come quelle delle vecchie ballate popolari, come "The Rime of the Ancient Mariner". Il testo è stato raccontato in sette parti e ancora oggi molti lo considerano il suo più grande capolavoro.

In attesa del suo arrivo, vi leggerò la Parte III del poema:

LA RIMA DEL
L'ANTICO MARINAIO
Sono queste le sue costole attraverso le quali il Sole
scrutava, come attraverso una grata?
Ed è quella Donna tutto il suo equipaggio?
È una Morte? E ce ne sono due?
La Morte è la compagna di quella donna?

Le sue labbra erano rosse, il suo sguardo era libero,
Le sue ciocche erano gialle come l'oro:
La sua pelle era bianca come la lebbra,
La vita-incubo della Morte era lei,
che sparge il sangue dell'uomo con il freddo.

Il nudo scafandro arrivò accanto a noi,
e i due lanciarono i dadi;
Il gioco è fatto! Ho vinto! Ho vinto!
disse lei, e fischiò tre volte. (2)

Alzai lo sguardo dal mio libro di tesori con copertina rigida blu e trovai Samuel Taylor Coleridge che camminava nel mio salotto e mi raggiunse nel nostro patio.

Non era alto, ma robusto e aveva i capelli molto scuri. Ricordai di aver letto che una volta il signor Coleridge si era descritto come un "grande bradipo". (3)

Mentre attraversava la stanza, sentii che si era fatto una grave ingiustizia. Il signor Coleridge non si vestiva in modo elegante, ma aveva un'amabile dolcezza, come un orsacchiotto di peluche.

Ci scambiammo i saluti e gli offrii un posto a sedere. Espresse la sua preferenza, che era quella di passeggiare per il giardino.

L'ho incoraggiato, indicandogli i frutti della passione maturi, che erano pesanti sulla loro vite.

Sembrava affascinato, ne prese uno tra le mani e lo strinse come se fosse prezioso. Lo annusò e lo girò.

Gli chiesi se volesse assaggiarlo e mi precipitai in cucina per prendere un coltello e un tagliere.

Appoggiò il frutto sul tagliere e all'inizio sembrò molto interessato, ma quando lo tagliai a metà perse il desiderio. Guardò i grossi semi neri in mezzo alla polpa giallastra e si allontanò disgustato.

Una volta terminato, si mise a girare per il giardino con le mani strette dietro la schiena per un po', poi si girò bruscamente nella mia direzione e attese la mia prima domanda.

D: Signor Coleridge, com'era da bambino?

R: Da bambino giocavo sempre da solo. Recitavo i libri, fingendo di essere un eroe come Re Artù, Amleto o Robinson Crusoe. (4)

D: La sua vita è diventata più solitaria e difficile quando suo padre è morto e lei è stato mandato a vivere con suo zio. Vuole condividere qualche ricordo di quel periodo?

R: Mio zio mi mandò al Christ's Hospital, una famosa scuola di carità per studenti in camice blu. Ogni mattina, un po' di pane secco e della birra maleodorante. Ogni sera, un grosso pezzo di pane e formaggio o burro.... Tranne il mercoledì, non avevo mai la pancia piena. I nostri appetiti erano smorzati, mai soddisfatti; non avevamo verdure.

I giorni più difficili erano quelli delle vacanze. La famiglia e gli amici venivano a trovarci. Chi rimaneva indietro, chi era senza famiglia o amici, sopportava un giorno in cui i cancelli erano chiusi dalla mattina alla sera. In rare occasioni fuggivo a Londra da solo e mi nascondevo nei mercati aspettando che il tempo passasse. (5)

D: Chi era "Silas Titus Comberbach"?

R: Silas Titus Comberbach è un nome che ho inventato durante il mio secondo anno a Cambridge. Decisi di arruolarmi in un reggimento di dragoni. Non faceva per me. Ero un cavaliere molto impacciato e non riuscivo a stare in sella. Non riuscivo nemmeno a pulire bene il mio cavallo e persi la maggior parte del mio equipaggiamento. Persino la mia carabina si arrugginì. Ma ai miei compagni non sembrava importare perché raccontavo loro storie e poesie. Poi un giorno, mentre lavavo il mio cavallo nella stalla, trovai un pezzo di gesso. Scrissi un'iscrizione in latino sul muro. Un ufficiale vide quello che avevo scritto e mi nominò suo attendente. Il mio compito era quindi quello di camminare dietro al mio ufficiale per le strade. Sfortunatamente, qualcuno di Cambridge mi riconobbe e mi denunciò. Questa fu la fine di Silas Titus Comberbach. (6)

D: Quando fu pubblicato "The Rime of the Ancient Mariner", il suo contenuto e il suo stile spaventarono molti lettori. Un critico scrisse che proveniva da "nessuna mente normale". Potrebbe spiegare

cosa fu scritto sul "The Morning Post"?

Il signor Coleridge rise, si sedette accanto a me, si mise una mano sul mento e disse:

R: Uno dei critici del "The Morning Post" ha scritto: "Ecco un incubo noto solo a un uomo in preda a uno svenimento, quando il sangue diventa freddo e il sudore si scioglie silenziosamente dalle sue membra".

Mi era chiaro che molti lettori non riuscivano a comprenderla, e uno inviò una strofa anonima al giornale, che recitava:

"La sua poesia deve essere eterna,
Caro signore! Non può fallire,
perché è incomprensibile,
e senza capo né coda".

Un mio amico mi portò il giornale, chiedendomi con rabbia: "Chi diavolo può aver mandato questo?". Lo guardai profondamente negli occhi e dissi: "Sono stato io". I due si misero a ridere per la stanza. Quindi, la morale è: per ingannare un critico, sii un critico! (7)

D: Oppure si può semplicemente ignorarli e sperare che se ne vadano! Non vorrà certo che abbiano il potere di farle abbandonare la scrittura per cimentarsi in qualcos'altro, come magari la predicazione, vero? Sto alludendo alla sua breve vocazione di ministro a Bath.

R: C'erano diciassette persone nella cappella, e quando avevo appena iniziato uno di loro uscì silenziosamente dalla cappella. Pochi minuti dopo un altro, e poi un altro e un altro e un altro ancora. Quando la predica finì non rimase che una donna anziana. Stava dormendo profondamente. Decisi di trovare un altro modo per guadagnare pane e formaggio. (8)

D: Vorrebbe leggere qualcosa per me?

R: Certamente, cara signora:

KUBLA KHAN
A Xanadu Kubla Khan decretò
una maestosa cupola di piacere;
Dove Alph, il fiume sacro, scorreva
attraverso caverne senza misura per l'uomo

fino a un mare senza sole.
Così due volte cinque miglia di terreno fertile
Con mura e torri erano cinte intorno
E qui c'erano giardini luminosi con sinuosi
sinuosi ruscelli,
dove fioriva un albero che portava incenso
incenso
E qui c'erano foreste antiche come le colline,
che racchiudevano macchie soleggiate di verde

Ma quel profondo e romantico abisso che
si inclinava
giù per la verde collina, tra una copertura di cedro!
Un luogo selvaggio! Santo e incantato
Come mai sotto la luna calante è stato infestato
da una donna che piangeva per il suo amante
demoniaco!
E da questo abisso, con un'incessante agitazione
che ribolle,
come se questa terra, in rapidi e densi ansimi,
respirasse
respirare,
una possente fontana si sprigionò in un momento;
tra i cui rapidi scrosci seminascosti
enormi frammenti volavano come rimbalzanti
grandine,
o come chicchi di grano sotto la trebbiatrice.
della trebbiatrice;
E in mezzo a queste rocce danzanti

sempre
si sollevava momentaneamente il fiume sacro;
Per cinque miglia, serpeggiando con un movimento
pigro
attraverso boschi e valli il fiume sacro correva,
Poi raggiunse le caverne senza misura per
uomo,
e sprofondò in un tumulto fino all'oceano senza vita;
E in mezzo a questo tumulto Kubla udì da lontano
voci ancestrali che profetizzavano la guerra!

L'ombra della cupola del piacere
galleggiava a metà strada sulle onde;
Dove si udiva la misura mescolata
dalla fontana e dalle grotte.
Era un miracolo di rara efficacia,
Una cupola di piacere soleggiata con grotte di
ghiaccio!
Una damigella con un dulcimero
In una visione ho visto una volta;
Era una fanciulla abissina,
e suonava il dulcimer,
cantando del monte Abora
Potrei rivivere in me,
la sua sinfonia e il suo canto,
mi conquisterebbe un piacere così profondo,
che con musica forte e lunga
costruirei quella cupola nell'aria,
Quella cupola di sole! Quelle grotte di ghiaccio!

E tutti quelli che sentono dovrebbero vederle lì,
E tutti avrebbero dovuto gridare: "Attenti! Attenzione!
I suoi occhi lampeggianti, i suoi capelli fluttuanti!
E chiudete gli occhi con sacro terrore,
perché si è nutrito di melassa,
e ha bevuto il latte del Paradiso. (9)

D: Ha qualche consiglio da dare ai poeti nel 2003 e oltre?

R: La poesia non deve essere solo semplice, ma anche magica. Il poeta deve scavare nelle cisterne profonde del suo subconscio e far gorgogliare nel sole sano del mondo dell'esperienza normale i fiumi di cristallo della sua fantasia che riflettono il paesaggio di un mondo soprannaturale e naturale. Una poesia è quella specie di composizione che si oppone alle opere della scienza, proponendo come oggetto immediato il piacere, non la verità; e da tutte le altre specie (che hanno questo oggetto in comune con essa) - si distingue proponendo a se stessa un tale piacere dall'insieme, che è compatibile con una gratificazione distinta da ogni parte componente. Il buon senso è il corpo del genio poetico, la fantasia il suo drappeggio, il movimento la sua vita, e l'immaginazione l'anima che è ovunque e in ogni parte; e forma tutto in un insieme intelligente e grazioso. Il linguaggio di ogni uomo varia a seconda del grado di conoscenza, dell'attività delle sue facoltà e della profondità o rapidità dei suoi sentimenti. (10)

D: Le dispiacerebbe condividere con noi un'altra poesia prima di lasciare il 2003? Grazie per avermi incontrato.

R: Vorrei lasciarvi con la speranza che, quando ero tra voi, non mi trovavo mai solo nell'abbraccio delle rocce e delle colline... ma il mio spirito si muoveva, si muoveva e si agitava come una foglia in autunno; un'attività selvaggia di pensieri, di immaginazioni, di sentimenti e di impulsi di movimento sorgeva in me... Più mi allontanavo dalla natura animata... più grande diventava in me l'intensità del sentimento per la vita. La vita mi sembrava allora uno spirito universale, che non aveva né poteva avere un opposto. Dio era ovunque, eppure c'era posto per la morte? (11)

LAVORO SENZA SPERANZA
Tutta la natura sembra al lavoro. Le lumache lasciano la loro
tana -
le api si agitano - gli uccelli sono in volo
ala -
E l'inverno si assopisce all'aria aperta,
porta sul suo volto sorridente un sogno di primavera!
Primavera!
E io nel frattempo, unica cosa non impegnata,

Non faccio miele, non mi accoppio, non costruisco, non canto.

cantare

Eppure conosco bene le rive dove gli amaranto soffiano,
Ho tracciato la fonte da cui sgorgano flussi di nettare,
Fiorite, o amaranto! Sbocciate per chi
per chi volete,
Per me non fiorite! Scivolate, ricchi ruscelli,
via!
Con le labbra non illuminate, la fronte senza corona, io
passeggiare:
E vorresti imparare gli incantesimi che assopiscono la mia anima?
Il lavoro senza la speranza è un nettare che passa al setaccio,
E la speranza senza un oggetto non può vivere.
(12)

Samuel Taylor Coleridge raccolse un frutto della passione in ogni mano e indicò che avrebbe voluto portarlo con sé. Annuii in segno di approvazione. Ne mise con cura uno in ogni tasca e, in qualche modo, sapevo che li portava con sé come ricordo del suo viaggio. In suo onore ho recitato le dolci parole di:

ASRA
Essere amato è tutto ciò di cui ho bisogno,
E chi amo, amo davvero. (13)

Sottoscrivo personalmente le seguenti
opere di Samuel Taylor Coleridge:
Christabel
L'amore
Gioventù ed età
Sconforto: un'ode
I Piccolomini
Ode alla tranquillità
Ode all'anno che se ne va
Gelo a mezzanotte
Biographia Literaria: 1817
Riflessioni sulla partenza da un luogo di
ritiro
Il pergolato di tiglio, la mia prigione
La prigione
Le paure della solitudine
I dolori del sonno
Il fantasma
Che cos'è la vita?
Iscrizione per una fontana in una brughiera
La vita umana
Tempo, reale e immaginario
La ragione
Il desiderio

Beod ge gesunde
Cathy McGough
Il vostro intervistatore di scrittori leggendari dell'aldilà

Beod ge gesunde
Cathy McGough
Il vostro intervistatore di scrittori leggendari dell'aldilà

NATHANIEL HAWTHORNE CAMBIA LE CARTE IN TAVOLA

MADAME DELATOUR ERA MOLTO malata. Il suo medico personale, il dottor Weinstein, le fece visita a domicilio ordinandole di fare un po' di riposo.

Avendo per le mani una paziente riluttante, informai Blanchetta che il dottor Weinstein mi aveva affidato il suo incarico (nota: se devi dire al tuo paziente che sei tu a comandare, puoi sempre aspettarti dei problemi). Pertanto, non avremmo fatto nessuna delle interviste programmate, compresa quella con il signor Nathaniel Hawthorne, finché non si fosse ripresa completamente.

"Ah!" esclamò e poi aggiunse: "Lo spettacolo deve continuare!" e poi si lanciò in un coro entusiasmante dell'omonima canzone di Freddie Mercury. Non passò molto tempo prima che cominciasse a tossire e a balbettare e alla fine si diresse a fatica verso il divano dove si sdraiò con la testa tra le mani.

Era lì, adornata con i suoi stivali Ugg rosa pelosi, con una vestaglia bordeaux lunga fino al pavimento allacciata all'altezza del collo, con i capelli sotto una cuffia da bagno psichedelica, senza trucco a parte una spessa spalmata di rossetto rosso brillante.

Se l'aveste incontrata inaspettatamente in quello stato, avreste potuto pensare di essere entrati nella "Twilight Zone" del signor Serlings. Se aveste ascoltato attentamente, avreste probabilmente sentito: "Fai, fai, fai, fai, fai, fai". Anzi, scommetto che in questo momento state sentendo la sigla del telefilm.

Tornando alla nostra paziente... fu allora che offrii alla signora un bel bicchiere d'acqua fresca per alleviare la febbre. Lei mi scacciò e chiese invece un bicchierone di Chivas Regal con ghiaccio. Espressi la mia preoccupazione per la sua scelta malsana di bevande, dato che il dottor Weinstein aveva proibito l'alcol.

Alla fine raggiungemmo un compromesso: un solo bicchierino annacquato con molto ghiaccio.

Dopodiché si sdraiò sulla chaise lounge, sorseggiando con il dito di bambino in aria nel tentativo di raccogliere le forze sufficienti per entrare nel mondo dell'aldilà.

Purtroppo si rese subito conto di essere ancora troppo debole e implorò un altro shot. Accettai con estrema riluttanza.

Dopo averla respinta, salì un po' instabilmente le scale dove disse che avrebbe riposato tranquillamente e raccolto le forze.

Le ho trovato sotto il braccio una bottiglia piena di alcolici e l'ho confiscata prima di mandarla di sopra a riposare. Nel frattempo, approfittai della pace e della tranquillità per consultare le informazioni che avevo accumulato nel tempo sul nostro intervistatore, il signor Nathaniel Hawthorne.

Il signor Hawthorne nacque a Salem, nel Massachusetts, il 4 luglio 1804. Suo padre morì quando lui aveva quattro anni, lasciando la madre a crescere lui e le sue due sorelle Elizabeth e Maria. La signora Hawthorne, sconvolta dalla morte del marito, portò i tre figli nella casa paterna. Suo fratello Robert si interessò a Nathaniel e si fece carico di educare il nipote.

Guardai il cielo notturno e mi venne in mente una delle poesie del signor Hawthorne:

INDIRIZZO ALLA LUNA
Come è dolce il pallido raggio della Luna d'argento,
cade tremante sulla baia lontana,

su cui le brezze non sospirano più,
Né i flutti sferzano la riva che risuona.
Di', gli occhi di coloro che amo,
ti guardano mentre ti elevi in alto,
solitario, maestoso e sereno,
La calma e placida regina della sera?
Di', se sul tuo petto tranquillo
gli spiriti defunti trovano il loro riposo,
Chi potrebbe desiderare una casa più bella
che in quella cupola luminosa e ridente? (1)

Rabbrividii e mi voltai appena in tempo per sentire la voce di Blanchetta che mi chiamava dal piano di sopra: "Yoo-hoo, Cathy, il signor Hawthorne sta arrivando".

Aveva baffi color cioccolato intenso con macchie di grigio e lunghi capelli ondulati. La fronte era coperta da un piccolo ricciolo e le sopracciglia scure e pesanti sembravano far risaltare il colore blu scuro degli occhi.

Mi tese la mano, poi prese l'altra mano nella sua e la tenne stretta mentre mi guardava negli occhi. Sembrava che stesse cercando di leggermi dentro.

Dopo qualche secondo, fece un respiro profondo, si inchinò e si preoccupò per Madame Delatour. Gli assicurai che era stata visitata da un medico e che sarebbe stata bene se avesse seguito i suoi ordini.

Poi, inaspettatamente, il signor Hawthorne chiese:

D: Lei è uno scrittore in erba, a quanto ho capito?

R: Sì, signor Hawthorne.

D: Allora ecco il mio consiglio per lei, ed è il più importante che possa darle. Ascolti attentamente: potrebbe essere tutto ciò che ho da offrirle.

Quando getta le sue foglie al vento, l'autore si rivolge non ai molti che butteranno via il suo volume o non lo prenderanno mai in mano, ma ai pochi che lo capiranno meglio della maggior parte dei suoi compagni di scuola o di vita.

Alcuni autori, in effetti, fanno molto di più e si lasciano andare a rivelazioni così profonde e confidenziali che potrebbero essere rivolte solo ed esclusivamente a un cuore e a una mente di perfetta simpatia; come se il libro stampato, lanciato in tutto il mondo, fosse certo di scoprire il segmento diviso della natura dello scrittore e di completare il cerchio della sua esistenza mettendolo in comunione con esso.

Ma poiché i pensieri sono congelati e l'espressione è confusa se l'oratore non si trova in una vera relazione con il suo pubblico, può essere perdonabile immaginare che un amico, un amico gentile e apprensivo, anche se non il più intimo, stia ascoltando il nostro discorso; e allora, essendo il riserbo nativo scongelato da questa consapevolezza geniale, possiamo parlare delle circostanze che ci circondano, e persino di te stesso, ma mantenendo l'intimo Me dietro il suo velo. In questa misura, ed entro questi limiti, un autore può essere autobiografico senza violare i diritti del lettore o i propri. (2)

D: Grazie signor Hawthorne, mi ha dato molto da riflettere. Ora, se vuole bere un bicchiere di limonata e sedersi, possiamo iniziare l'intervista?

R: Sono soddisfatto, Cathy. La parola è sua, quindi può procedere.

D: È vero che ha letto "Il progresso del pellegrino" in giovane età?

R: È stata una gioia leggere quel libro e altri quando avevo sei anni. Mio padre morì quando avevo quattro anni e imparare a leggere mi aprì un mondo completamente nuovo. Ho amato "Il progresso del pellegrino" e "Il castello dell'indolenza" di James Thomson mi ha dato una gioia particolare. Lessi la "Faerie Queene" di Spenser, che acquistai con i primi soldi che avevo guadagnato. (3)

D: Quale periodo della sua vita ricorda con maggiore affetto?

R: Quando avevo quattordici anni, ci trasferimmo a Sebago Lake, nel Maine. Vivevo come un uccello dell'aria, tanto era perfetta la libertà di cui godevo... Ah, come ricordo bene i giorni d'estate; anche quando, con la mia pistola, vagavo a volontà per i boschi del Maine! Tutto è bello in gioventù, perché allora tutto è permesso... Anche se fu lì che presi per la prima volta la mia maledetta abitudine alla solitudine. (4)

D: Ogni scrittore ha bisogno di solitudine, ma da bambino non la raccomanda?

R: Raccomandare? No. Tuttavia, la solitudine che sentivo da bambino mi costringeva a leggere tutto quello che trovavo. Leggevo "I romanzi di Waverley", Rousseau e "Il calendario di Newgate", e inventavo lunghe storie su ciò che volevo fare e dove volevo andare da grande. Concludevo sempre le mie storie con: "Non tornerò mai più"! (5)

D: È vero che da ragazzo ha fondato un suo giornale?

R: Sì, l'ho fatto. Lo chiamai "The Spectator", non troppo originale, no? Durò appena sei numeri e poi informai i miei abbonati - di cui ce n'era uno, io stesso - che non c'erano state morti di rilievo, tranne quella dell'editore del giornale che morì di fame, a causa della pochezza del suo patrocinio. (6)

D: Come e quando ha deciso di diventare uno scrittore?

R: A diciassette anni entrai al Bowdoin College. Scrissi a mia madre:

Non voglio essere un medico e vivere delle malattie degli uomini; né un ministro, vivere dei loro peccati; né un avvocato, vivere delle loro liti. Quindi, non vedo che mi resta altro da fare che essere un autore. Le piacerebbe un giorno vedere un intero scaffale pieno di libri scritti da suo figlio, con la scritta "Opere di Hawthorne" sul retro?

Non vidi la sua risposta quando ricevette la mia lettera, ma in seguito seppi con certezza che non era impressionata dalla mia scelta professionale. (7)

D: Sentiva di poter dimostrare che la sua famiglia si sbagliava, o c'era qualche speranza di cambiare le loro idee preconcette su di lei?

R: Nessun obiettivo che io abbia mai avuto a cuore sarebbe stato riconosciuto come lodevole; nessun mio successo - se la mia vita, al di là della sua portata domestica, fosse mai stata illuminata dal successo - sarebbe stato da loro considerato diverso da quello inutile, se non addirittura vergognoso. "Che cos'è?", mormora un'ombra grigia dei miei antenati all'altra. "Uno scrittore di libri di favole! Che tipo di attività nella vita, che modo di glorificare Dio o di essere utile all'umanità del suo tempo e della sua generazione, può essere? Quel degenerato avrebbe potuto benissimo fare il violinista!". Questi sono i complimenti che si scambiano i miei pronipoti e io, attraverso l'abisso del tempo! Eppure, che mi disprezzino quanto vogliono, forti tratti della loro natura si sono intrecciati con la mia. (8)

D: Tutti gli scrittori ricevono dei rifiuti. Come ha gestito questi rifiuti, se ce ne sono stati?

R: Se ci sono stati? Sta scherzando? Ai tempi dell'università scrivevo poesie e schizzi. Li ho messi insieme e li ho chiamati "Sette racconti della mia terra natale". Li proposi all'editore n. 1. Hanno gentilmente rifiutato. Li proposi all'editore n. 2, che li rifiutò con educazione. All'editore n. 3, che l'ha accettato e l'ha tenuto per così tanto tempo senza pubblicarlo che ho preteso che me lo restituisse. Come ho gestito il rifiuto? Ho bruciato la cosa! (9)

D: Oh mio Dio, deve aver fatto male. Ha pensato di gettare la spugna?

R: Non conosco questa frase, ma capisco il senso di ciò che intendi. Pertanto, la mia risposta è no. Ho scritto e pubblicato anonimamente a mie spese un romanzo intitolato "Fanshawe". Mi è costato 100 dollari e le vendite sono state poche. In questo caso, non ho mai ammesso pubblicamente di esserne l'autore. (10)

D: In seguito, nella sua vita, ha trovato conforto nella solitudine?

R: Ero come un bambino spaventato, anche a 38 anni. Non desideravo altro che fuggire dalla società. Se vedevo un uomo che camminava, mi arrampicavo frettolosamente sulle rocce e mi rifugiavo in un angolo che molte ore segrete mi hanno dato il diritto di chiamare mio. Ero così, finché non ho incontrato mia moglie Sophia. (11)

D: Sposò Sophia il 9 luglio 1842 e si trasferì alla Old Manse di Concord.

R: È lì che ho scritto "Mosses". Mia moglie era la mia unica compagna e non avevo bisogno di nessun altro; non c'era un vuoto nella mia mente più che nel mio cuore. In verità, avevo trascorso così tanti anni in totale solitudine da ogni società umana che non c'era da stupirsi se sentivo tutti i miei desideri soddisfatti da questo unico rapporto. Ma lei era venuta da me in mezzo a molti amici e a una vasta cerchia di conoscenze; eppure viveva di giorno in giorno nella solitudine, senza vedere nessuno, tranne me e poi i nostri figli, mentre la neve del nostro viale non veniva calpestata per settimane da nessun altro passo tranne il mio; eppure era sempre così allegra. Grazie a Dio sono riuscito a soddisfare il suo cuore sconfinato! (12)

D: Concord aveva una certa reputazione nella comunità degli scrittori.

R: Vivevamo in periferia, dove creavo storie e vivevo dei loro proventi o mi arrangiavo fino a quando, nel 1846, fui nominato ispettore della dogana di Salem con uno stipendio di milleduecento dollari all'anno. Questa fortuna però non durò a lungo e nel 1849, con un cambiamento politico, fui estromesso dal mio incarico. Avevo quarantacinque anni, una moglie e due figli da mantenere. Avevamo pochi risparmi e poche prospettive per una nuova posizione. (13)

D: Sentiva che il mondo era contro di lei e poi scrisse il suo romanzo più famoso di tutti, "La lettera scarlatta"?

R: Molti avevano fiducia in me, anche se io ne avevo poca. Mia moglie. I miei amici di scuola. Il mio editore. Tutti sentivano che avevo qualcosa in me, per creare un grande romanzo. Il mio editore James T. Fields venne a trovarmi a Salem. Mi chiese gentilmente, come aveva fatto molte altre volte, se avessi scritto qualcosa negli ultimi tempi. La mia risposta fu:

quale editore rischierebbe mai un libro da me, lo scrittore più impopolare d'America? Mi disse che lo avrebbe fatto con la massima convinzione. Risposi che non avevo nulla di valido nel mio repertorio. Proprio mentre stava per andarsene, presi la mia scrivania e tirai fuori un manoscritto, chiedendogli se volesse dare un'occhiata a questo mucchio di spazzatura. Quel manoscritto era l'abbozzo de "La lettera scarlatta"". (14)

D: "La lettera scarlatta" fu pubblicata nel 1850 e vendette oltre 5.000 copie in dieci giorni. Cosa ne pensò Sophia? Le è piaciuto?

R: Ho provato a leggere la conclusione a mia moglie, ma la mia voce si gonfiava e si afflosciava come se fossi sballottato su e giù per l'oceano mentre si placa dopo una tempesta. Le ha spezzato il cuore - e l'ha mandata a letto con un forte mal di testa - e io l'ho considerato un successo trionfale. (15)

D: Da dove è nata l'idea?

R: Un pacco misterioso arrivò alla Custom House e l'oggetto che più attirò la mia attenzione fu un certo affare di stoffa rossa fine, molto logoro e sbiadito. C'erano tracce di ricami d'oro, che però erano molto sfilacciati e deturpati, tanto che non era rimasto nulla, o molto poco, del luccichio. Era stato fatto, come era facile intuire, con una meravigliosa abilità nell'aguglieria; e il punto - come mi fu assicurato da signore esperte di tali misteri - dava prova di un'arte ormai dimenticata, che non può essere recuperata nemmeno con il processo di estrazione dei fili. Questo straccio di stoffa scarlatta - che il tempo, l'usura e una tarma sacrilega avevano ridotto a poco più di uno straccio - a un attento esame assunse la forma di una lettera. Era la lettera maiuscola "A". (16)

D: E questa "A" che aspetto aveva?

R: Con un'accurata misurazione, ogni arto risultò essere lungo esattamente tre pollici e un quarto. Era stato concepito, non c'è dubbio, come un capo d'abbigliamento ornamentale; ma come dovesse essere indossato, o quale rango, onore e dignità, in tempi passati, fossero significati da esso, era un enigma che - tanto evanescenti sono le mode del mondo in questi particolari - vedevo poche speranze di risolvere. Eppure mi interessava stranamente. I miei occhi si fissarono sulla vecchia lettera scarlatta e non vollero distogliersi. Certamente c'era in essa un significato profondo, che meritava di essere interpretato e che, per così dire, sgorgava dal simbolo mistico, comunicandosi sottilmente alla mia sensibilità, ma sfuggendo all'analisi della mia mente. (17)

D: Il mistero di tutto questo la consumava?

R: Sì, mentre ero così perplesso - e riflettevo, tra le altre ipotesi, se la lettera non fosse una di quelle decorazioni che gli uomini bianchi erano soliti creare per catturare gli sguardi degli indiani - mi capitò di appoggiarla sul petto. Mi sembrò - potete sorridere, ma non dovete dubitare della mia parola - mi sembrò allora di provare una sensazione non del tutto fisica, ma quasi, come di calore bruciante; e come se la lettera non fosse di stoffa rossa, ma di ferro rovente. Rabbrividii e la lasciai cadere involontariamente sul pavimento.

Nell'assorta contemplazione della lettera scarlatta, avevo fino ad allora trascurato di esaminare un piccolo rotolo di carta scadente, attorno al quale era stata attorcigliata. Ora lo aprii ed ebbi la soddisfazione di trovare registrata dalla penna del vecchio agrimensore una spiegazione ragionevolmente completa dell'intera vicenda. (18)

D: C'erano informazioni specifiche sulla vita di una vera Hester Prynne?

R: Sì, c'erano diversi fogli di carta matta, contenenti molti particolari sulla vita e le conversazioni di una certa Hester Prynne, che sembrava essere stata un personaggio piuttosto degno di nota per i nostri antenati. Era fiorita nel periodo compreso tra i primi giorni del Massachusetts e la fine del XVII secolo. Le persone anziane, vive all'epoca del signor Pue e dalle cui testimonianze orali egli ha tratto la sua narrazione, la ricordavano in gioventù come una donna molto anziana, ma non decrepita, dall'aspetto imponente e solenne. Era sua abitudine, da tempo quasi immemorabile, andare in giro per il paese come una sorta di infermiera volontaria e fare qualsiasi cosa di vario genere, assumendosi l'onere di dare consigli in tutte le questioni, specialmente quelle di cuore; in questo modo, come inevitabilmente deve fare una persona con tali propensioni, si guadagnò da parte di molte persone la riverenza dovuta a un angelo, ma immagino che fosse vista da altri come un'intrusa e una seccatura. (19)

D: Ci sono state altre scoperte?

R: Approfondendo il manoscritto ho trovato il resoconto di altre azioni e sofferenze di questa singolare donna, intitolato "La lettera scarlatta" - e bisogna tenere bene a mente che i fatti principali di questa storia sono autorizzati e autenticati dal documento del signor agrimensore Pue. I documenti originali, insieme alla lettera scarlatta stessa - una reliquia molto curiosa - sono ancora in mio possesso e saranno liberamente esposti a chiunque, spinto dal mio grande interesse per la narrazione, desideri vederli. (20)

D: Quindi sapeva subito che questa "A", questa informazione che aveva trovato, era qualcosa di cui voleva scrivere?

R: Sapevo che la storia di Hester Prynne richiedeva molta riflessione. L'atmosfera di una Custom House è così poco adatta al delicato raccolto della fantasia e della sensibilità che, se fossi rimasto lì durante le dieci Presidenze a venire, dubito che la storia de "La lettera scarlatta" sarebbe mai stata presentata al pubblico. La mia immaginazione era uno specchio appannato. Non avrebbe riflesso, o solo con misera penombra, le figure con le quali avevo fatto del mio meglio per personalizzarla. I personaggi della narrazione non sarebbero stati riscaldati e resi malleabili da nessun calore che avrei potuto accendere nel mio dimenticatoio intellettuale. Non prendevano né il bagliore della passione né la tenerezza del sentimento, ma conservavano tutta la rigidità dei cadaveri e mi guardavano in faccia con un ghigno fisso e spettrale di sprezzante sfida. (21)

D: È vero che "La lettera scarlatta" è stata trasformata in un'opera lirica?

R: Sì, mentre ero all'estero ho preso un giornale americano. Diceva che un'opera, ancora incompiuta, era stata scritta sul mio libro e che alcune scene erano state rappresentate con successo a New York. Penso che potrebbe avere successo come opera lirica, anche se sarebbe certamente un fallimento come opera teatrale. (22)

D: Il mio primo libro era un romanzo. Che consiglio darebbe agli scrittori di questo genere specifico?

R: Quando uno scrittore chiama la sua opera Romanzo, non c'è bisogno di osservare che desidera rivendicare una certa latitudine, sia per quanto riguarda la moda che il materiale, che non si sarebbe sentito in diritto di assumere se avesse professato di scrivere un Romanzo. Si presume che quest'ultima forma di composizione miri a una fedeltà molto minuta, non solo al possibile, ma al corso probabile e ordinario dell'esperienza dell'uomo. Il primo - pur essendo un'opera d'arte che deve rigidamente assoggettarsi alle leggi, e pur peccando imperdonabilmente nella misura in cui può allontanarsi dalla verità del cuore umano - ha il diritto di presentare tale verità in circostanze, in larga misura, scelte o create dallo scrittore stesso.

Se lo ritiene opportuno, inoltre, può gestire il suo mezzo atmosferico in modo da far risaltare o addolcire le luci e approfondire e arricchire le ombre del quadro. Sarà saggio, senza dubbio, fare un uso molto moderato dei privilegi qui enunciati e, in particolare, mescolare il meraviglioso piuttosto come un sapore leggero, delicato ed evanescente, che come una qualsiasi porzione della sostanza effettiva del piatto offerto al pubblico. Non si può dire, tuttavia, che commetta un crimine letterario, anche se non rispetta questa cautela. (23)

D: Quanto è importante, secondo lei, uno scopo morale nello scrivere un romanzo?

R: Molti scrittori pongono una grande enfasi su un preciso scopo morale, al quale professano di mirare le loro opere. Per non essere carente in questo particolare, l'autore si è dotato di una morale: la verità, cioè, che le azioni sbagliate di una generazione si trasmettono a quelle successive e, privandosi di ogni vantaggio temporaneo, diventano pura e incontrollabile malizia; E si sentirebbe singolarmente gratificato se questo romanzo potesse convincere efficacemente l'umanità - o addirittura un singolo uomo - della follia di far cadere una valanga di oro o di beni immobili mal guadagnati sulla testa di una sfortunata posterità per mutilarla e schiacciarla, finché la massa accumulata non si disperderà all'estero nei suoi atomi originari. (24)

D: Quindi non crede che il genere romance debba cercare di educare?

R: Quando le storie d'amore insegnano davvero qualcosa, o producono un'operazione efficace, di solito è attraverso un processo molto più sottile di quello apparente: l'autore ha ritenuto che non valesse la pena di imprimere alla storia la sua morale, come con un bastone di ferro - o piuttosto come infilando uno spillo in una farfalla - privandola così della vita e facendola irrigidire in un atteggiamento sgraziato e innaturale. Un'alta verità, invero, equamente, finemente e abilmente elaborata, che illumina a ogni passo e corona lo sviluppo finale di un'opera di narrativa, può aggiungere una gloria artistica, ma non è mai più vera, e raramente più evidente, all'ultima pagina che alla prima. (25)

D: In che modo uno scrittore dovrebbe sforzarsi di entrare in contatto con i lettori?

R: Un lettore può forse scegliere di assegnare un luogo reale all'evento immaginario della narrazione. Se la connessione storica lo permettesse - che, per quanto lieve, era essenziale al progetto dello scrittore - l'autore avrebbe evitato molto volentieri qualsiasi cosa di questo tipo. Per non parlare di altre obiezioni, questo espone il romanzo a una specie di critica inflessibile ed estremamente pericolosa, portando le sue immagini di fantasia quasi a contatto con la realtà del momento.

Il suo obiettivo non è stato quello di descrivere le maniere locali, né di interferire in alcun modo con le caratteristiche di una comunità per la quale nutre un giusto rispetto e una naturale considerazione. Egli confida di non essere considerato un'offesa imperdonabile, per aver tracciato una strada che non viola i diritti privati di nessuno, per essersi appropriato di un lotto di terreno che non aveva un proprietario visibile e per aver costruito una casa con materiali da tempo utilizzati per la costruzione di castelli in aria. I personaggi del racconto - sebbene si presentino come di antica stabilità e di notevole rilievo - sono in realtà opera dell'autore, o, in ogni caso, della sua mescolanza; le loro virtù non possono dare lustro, né i loro difetti contribuire, in minima parte, al discredito della venerabile città di cui si professano abitanti. Sarebbe quindi lieto se - soprattutto nel quartiere a cui allude - il libro potesse essere letto rigorosamente come un romanzetto, che ha molto più a che fare con le nuvole in cielo che con qualsiasi parte del suolo reale del luogo di cui scrive. (26)

D: Durante i suoi viaggi in Gran Bretagna, che cosa le è rimasto impresso, se non altro, nella mente?

R: Ho visitato il British Museum, una cosa estremamente noiosa. Vedere così tante cose in una volta sola distrugge una persona, e ho vagato da una sala all'altra con il cuore stanco e pesante. Il presente è troppo appesantito dal passato. (27)

D: Ha qualche altro consiglio da dare agli scrittori del futuro?

R: Gli unici fini sensati della letteratura sono, in primo luogo, la piacevole fatica di scrivere; in secondo luogo, la gratificazione della propria famiglia e dei propri amici; e, infine, il solido denaro. (28)

D: Mi dispiace dire che il nostro tempo sta per finire. La ringrazio molto per aver accettato di essere intervistato. Questo libro non sarebbe completo senza un capitolo su di lei.

R: La ringrazio umilmente e la lascio con una lettura tratta da:

LA LETTERA SCARLATTA

Quando la giovane donna, la madre di questo bambino, si rivelò completamente davanti alla folla, sembrò che il suo primo impulso fosse quello di stringere il bambino al suo petto, non tanto per un impulso di affetto materno, quanto per nascondere un certo segno, che era stato fatto o fissato nel suo vestito. In un attimo, tuttavia, giudicando saggiamente che un segno della sua vergogna non sarebbe servito a nasconderne un altro, prese il bambino sul braccio e, con un rossore acceso, ma anche con un sorriso altero e uno sguardo che non si lasciava abbattere, guardò intorno i suoi cittadini e i suoi vicini. Sul petto della sua veste, in fine stoffa rossa, circondata da elaborati ricami e fantastici fiocchi di filo d'oro, appariva la lettera A. Era fatta in modo così artistico, e con tanta fertilità e splendido rigoglio di fantasia, che aveva tutto l'effetto di un'ultima e appropriata decorazione per l'abbigliamento che indossava, e che era di uno splendore conforme al gusto dell'epoca, ma molto al di là di quanto consentito dalle norme suntuarie della colonia. (29)

Dopo aver finito di recitare, scomparve e io continuai a leggere dove aveva lasciato per un bel po' di tempo.

Nathaniel Hawthorne era molto rispettato dai suoi colleghi scrittori che gli resero omaggio alla sua sepoltura, tra cui Longfellow, Holmes, Whittier, Lowell, Emerson, Agassiz e Pierce.

Vi lascio con queste parole, scritte da Henry Wadsworth Longfellow al momento della morte di Hawthorne:

HAWTHORNE [1804-1864]
Com'era bello quel giorno luminoso
Nella lunga settimana di pioggia!
Anche se tutto il suo splendore non riuscì a scacciare
l'onnipresente dolore.
La bella città era bianca di fiori di melo,
e i grandi olmi in testa
Ombre scure tessevano sui loro telai aerei

con un filo d'oro.
Attraverso i prati, presso il vecchio e grigio maniero,
scorreva il fiume storico;
Ero come uno che vaga in trance,
inconsapevole della sua strada.
I volti di persone familiari sembravano strani;
Le loro voci le sentivo,
eppure le parole che pronunciavano sembravano
cambiare
il loro significato al mio orecchio.
Perché l'unico volto che cercavo non c'era,
la voce bassa era muta;
Solo una presenza invisibile riempiva l'aria
e ha ostacolato la mia ricerca.
Ora guardo indietro, e il prato, il maniero e il ruscello
Il mio pensiero si delinea in modo confuso;
Vedo solo un sogno nel sogno.
la cima della collina ornata di pini.
Sento solo sopra il suo luogo di riposo
il loro tenero sottofondo,
gli infiniti desideri di un petto tormentato,
La voce così simile alla sua.
Là, in isolamento e lontano dagli uomini
La mano del mago giace fredda,
che al massimo della sua velocità ha lasciato cadere
la penna,
e ha lasciato il racconto a metà.
Ah! Chi solleverà la bacchetta del potere magico,
e ritroverà il filo perduto?

Le finestre incompiute nella torre di Aladino
Incompiute devono rimanere! (30)

Il mio consiglio è di cercare le opere del signor Hawthorne! Non rimarrete delusi:

La lettera scarlatta

Racconti raccontati due volte

Il romanzo di Blithedale

La casa dei sette timpani

La figlia di Rappaccini

Il fauno di marmo

I racconti di Tanglewood

Il romanzo di Dolliver

Libri di appunti

Quaderni inglesi

La nostra vecchia casa - Una serie di schizzi inglesi

Tutta la storia della sedia del nonno

Il velo nero del ministro

L'artista del bello

Forme di eroi

I quadri profetici

Il ragazzo gentile

L'immagine di legno di Drowne

L'olocausto della Terra

Il diavolo nel manoscritto

Il grande fatto di pietra

La catastrofe del signor Higginbotham

La processione della vita

I Pellegrini di Canterbury.

TA-TA PER ORA!
Cathy McGough
Il vostro intervistatore di scrittori leggendari dell'aldilà

LEACOCK FA SCALPORE

Q UESTA INTERVISTA *è* DEDICATA *alla più grande fan del signor Leackock, una delle mie migliori amiche di sempre, Nancy Culliton.*

Nell'autunno del 2000, Madame Delatour e io stavamo visitando le colline di Gatineau, in Quebec. Le foglie svolazzavano giù e intorno alla nostra auto, mentre salivamo sulle colline. I magnifici colori ci fecero desiderare di fermarci in un luogo dove poter fare una passeggiata e sperimentare i panorami e gli odori della stagione autunnale canadese.

Finalmente ci siamo imbattuti nel parcheggio che ci avrebbe condotto alla piattaforma continentale. I rumori delle foglie che scricchiolavano e si sentivano scricchiolare mentre ci dirigevamo verso il punto di osservazione ci costringevano a gridare per comunicare. Era un mezzogiorno piuttosto fresco e non c'erano molti altri abbastanza coraggiosi da ritirarsi dal caldo delle loro automobili per fare un giro turistico.

Ci siamo incamminati lungo un sentiero pedonale, mentre gli aromatici sentieri di muschio assalivano i nostri sensi e ci isolavano dal vento. Abbiamo discusso di letteratura canadese, mentre passeggiavamo per goderci tutto e nella mia mente è nata una poesia:

Lo scricchiolio delle foglie sotto i miei piedi,
creava una pulsazione ritmica nella mia mente.
Alzarsi e poi abbassarsi - le mie suole baciavano il suolo,
La poesia nella mia testa girava e girava.

La voce del signor Leacock mi riportò al tempo presente con una recita di un brano:

IL PIANO SOCIALE
Conosco un uomo molto noioso
che continua a dire: "Piano sociale".
A ogni cena, a ogni conversazione
dove gli uomini si riuniscono, mangiano o passeggiano,
Non importa dove, quest'uomo terribile
porta avanti il suo dannato Piano Sociale.
La caduta del grano, l'aumento del pane,
I demolitori sociali davanti a noi,
Il paradosso economico
che porta la nazione sulle rocce,

Le ruote che la falsa abbondanza intasa...

e ci spaventa dall'allevare maiali...

In questo campo tetro, l'Uomo Tetro

esamina e singhiozza il piano sociale.

Finché gli uomini più semplici non iniziano a scoprire

che il suo gracchiare aggrava la loro mente

e li rende ansiosi di evitare

ogni menzione dei disoccupati,

e li porta persino ad aborrire

le persone chiamate Poveri meritevoli.

Per quanto mi riguarda, le mie simpatie vanno ora

alla povera classe plutocratica.

La folla che ora mi piace è quella che lui chiama

è quella che lui chiama Borghesia

Quindi, ho un piano sociale

di prenderlo per il collo

e chiuderlo in un furgone portabagagli

e legarlo con un assegno,

con la scritta MOSCA VIA TURKESTAN,

Che ve ne pare di questo piano sociale? (1)

La signora Delatour non aveva idea di chi avesse scritto "Il piano sociale", ma ne fu molto divertita. Le dissi che era opera del canadese Stephen Leacock e le dissi che era il nostro miglior umorista. La signora Delatour voleva sapere perché non le avevo chiesto di contattare il signor Leacock per un'intervista.

A dire il vero, non ero sicuro del motivo per cui non avevamo cercato di parlargli. Suggerii che avremmo potuto discuterne ulteriormente, dopo aver avuto l'opportunità di fare qualche indagine.

Qualche istante dopo, notai in lontananza un signore che camminava verso di noi lungo il sentiero. Madame Delatour alzò le spalle, affermando che il signor Leacock era disposto e in grado di essere intervistato proprio qui, in questo momento.

Ero un po' seccato perché non c'era tempo per fare la preparazione richiesta, ma quando si lavora con una psicopatica - ops, volevo dire sensitiva - si impara a seguire la corrente.

La pioggia cominciò a cadere dolcemente, con occasionali goccioline che si infilavano nelle fessure lasciate dagli alberi semi-senza foglie. Corremmo e ci tenemmo stretti con la schiena contro un enorme acero, aspettando che il signor Leacock ci raggiungesse.

Era vestito con un comodo cardigan marrone e aveva l'aria di trovarsi a suo agio su una grande e croccante poltrona La-Z-Boy, posizionata di fronte a un ruggente camino a fumare la pipa. Indossava pantaloni marroni, scarpe abbinate (che erano coperte di foglie umide) e un berretto marrone a scacchi tipo scozzese. Le sue spalle erano inarcate per tenere lontano il vento e le mani erano nascoste al caldo nelle tasche del cardigan.

Stephen Leacock nacque il 30 dicembre 1869 nell'Hampshire, in Inghilterra. Era il terzo figlio di una famiglia di undici figli. La sua famiglia emigrò in

Canada nel 1876. Acquistarono una fattoria di 100 acri nel villaggio di Sutton, Ontario.

Il signor Leacock ci raggiunse presto sotto l'albero di acero. Abbiamo fatto una breve chiacchierata sul tempo (come è consuetudine canadese) prima di procedere con l'intervista.

D: Deve essersi emozionato nel vedere la sua prima casa canadese. Che cosa ricorda di essa?

R: La nostra fattoria con i suoi edifici era, lo dico subito, il posto più dannatamente bello che avessi mai visto. Lo ricordo come se fosse ieri.

Bar e stalle puzzolenti. Una piccola e triste candela per studiare di notte. Oh, e le notti d'inverno, le notti fredde in casa. (2)

D: Ha deciso di diventare insegnante?

R: A quel tempo avevo una certa dote naturale di mimica, riuscivo facilmente a riprodurre le voci delle persone e a riprodurre istintivamente i loro gesti. Così, quando Jimmy Wetherell [l'istruttore anziano], a metà di una lezione di inglese, mi disse con molta cortesia: "Ora vuoi riprendere la lezione a quel punto e continuarla?". Lo feci con una completezza e una somiglianza con la voce e il modo di fare di Jimmy che, naturalmente, entusiasmarono la classe. L'aula era piena di applausi.

Incoraggiato come artista, l'ho fatta troppo grossa. Il gentile preside lo vide di persona e arrossì. Quando finii, disse a bassa voce: "Temo di ammirare più il suo cervello che le sue maniere".

Quelle parole mi colpirono in pieno. Le sentivo così vere eppure così completamente prive di malizia. Perché non avevo una vera "faccia tosta", né un vero "fiele". Era l'arte dell'imitazione che mi attraeva. Non mi ero reso conto dell'effetto che poteva avere sulla persona interessata. Con essa imparai la mia prima lezione sulla necessità della gentilezza umana come elemento dell'umorismo. (3)

D: Una lezione ben imparata. Tuttavia, ha proseguito la sua carriera di insegnante.

R: La scelta dell'insegnamento è stata una questione di pura necessità. La mia formazione non mi permetteva di fare altro che trasmetterla agli altri. (4)

D: Come ha avuto l'ispirazione per scrivere "Il piano sociale"?

R: Tenendo una lezione davanti a una brillante galassia di giovani uomini e donne, noti, nel college a cui appartengono, come Economia Tre, mi è venuta in mente, e l'ho usata, la metafora di un riformatore sociale seduto come un corvo sul davanzale della finestra e che gracchia "Piano sociale". Economia Tre" si svegliò e rise.

Questo mi ha dato l'idea che potrebbe essere di grande utilità se i problemi economici potessero essere discussi sotto forma di letteratura dell'immaginazione. Ciò contribuirebbe a sottrarre l'argomento alla rabbia e all'amarezza che spesso lo circondano. Se non possiamo discuterne da gentiluomini, discutiamone almeno da idioti. Avendo avuto l'idea, non mi restava che scrivere la poesia.

Quarant'anni di duro lavoro sull'economia mi hanno praticamente cancellato tutte le idee che avevo su di essa. Penso che l'intera scienza sia un relitto e debba essere ricostruita. Per i nostri problemi sociali c'è tanta luce da trovare nella vecchia economia quanto quella di una lucciola.

Solo un paio di cose mi sembrano chiare. Il comunismo di ghisa non è altro che un penitenziario. Prima o poi o è condannato, o è condannato l'uomo. Credo che l'unica base possibile per una società organizzata sia quella dell'uomo per sé, per sé e per coloro che gli sono vicini e cari. Ma su questa base deve essere messo in funzione un meccanismo sociale molto più efficiente e molto più giusto. Non abbiamo bisogno di un nuovo gioco, ma di un nuovo insieme di regole. Ci deve essere pane e lavoro per tutti; e questo dovrebbe significare poco lavoro e molto pane. (5)

D: Le dispiacerebbe leggere uno dei suoi racconti?

R: Speravo che me lo chiedesse!

LA MIA CARRIERA FINANZIARIA

Quando entro in una banca mi sento scosso. I commessi mi fanno paura, gli sportelli mi fanno paura, la vista dei soldi mi fa paura, tutto mi fa paura.

Nel momento in cui varco la soglia di una banca e cerco di concludere un affare, divento un idiota irresponsabile.

Lo sapevo già da prima, ma il mio stipendio era stato aumentato a cinquanta dollari al mese e ritenevo che la banca fosse l'unico posto dove poterlo fare.

Così entrai e guardai timidamente i commessi. Mi venne l'idea che una persona che si accingeva ad aprire un conto doveva consultare il direttore.

Mi avvicinai a uno sportello con la scritta "Contabile". Il contabile era un diavolo alto e freddo. La sola vista di lui mi ha sconvolto. La mia voce era sepolcrale.

"Posso vedere il direttore?" dissi, e aggiunsi solennemente: "Da solo". Non so perché ho detto "da solo".

"Certamente", disse il contabile, e lo andò a prendere.

Il direttore era un uomo serio e tranquillo. Io tenevo in tasca i miei cinquantasei dollari stretti in una palla stropicciata.

"È lei il direttore?" Dissi. Dio sa che non ne dubitavo.

"Sì", rispose.

"Posso vederla", chiesi, "da solo?". Non volevo dire di nuovo "da solo", ma senza di esso la cosa sembrava evidente.

Il direttore mi guardò con un certo allarme. Sentiva che avevo un terribile segreto da rivelare.

"Venga qui", disse, e mi fece strada verso una stanza privata. Girò la chiave nella serratura.

"Qui siamo al sicuro dalle interruzioni", disse, "sedetevi".

Ci sedemmo entrambi e ci guardammo. Non trovai la voce per parlare.

"Lei è uno degli uomini di Pinkerton, presumo", disse.

Dal mio modo di fare misterioso aveva capito che ero un detective. Sapevo cosa stava pensando e la cosa mi faceva stare peggio.

"No, non di Pinkerton", dissi, facendo intendere che provenivo da un'agenzia concorrente.

"A dire il vero", proseguii, come se fossi stato spinto a mentire, "non sono affatto un detective. Sono venuto ad aprire un conto. Intendo tenere tutti i miei soldi in questa banca".

Il direttore sembrò sollevato, ma sempre serio; ora concludeva che ero un figlio del barone Rothschild o un giovane Gould.

"Un grosso conto, suppongo", disse.

"Abbastanza grande", sussurrai, "propongo di depositare cinquantasei dollari ora e cinquanta dollari al mese regolarmente".

Il direttore si alzò e aprì la porta. Chiamò il contabile.

"Signor Montgomery", disse a voce poco cortese, "questo signore sta aprendo un conto, depositerà cinquantasei dollari. Buongiorno".

Mi alzai.

Una grande porta di ferro era aperta al lato della stanza. "Buongiorno", dissi, ed entrai nella cassaforte.

"Esca", disse freddamente il direttore e mi indicò l'altra strada.

Mi avvicinai allo sportello del contabile e gli lanciai la palla di denaro con un rapido movimento convulso, come se stessi facendo un gioco di prestigio.

Il mio volto era orribilmente pallido.

"Ecco", dissi, "Depositi". Il tono delle parole sembrava voler dire: "Facciamo questa cosa dolorosa finché siamo in forma".

Prese il denaro e lo diede a un altro impiegato.

Mi fece scrivere la somma su un foglio e firmare il mio nome su un libro. Non sapevo più cosa stavo facendo. La banca mi passava davanti agli occhi.

"È depositato?" chiesi con voce vuota e vibrante.

"Sì", rispose il contabile.

"Allora voglio staccare un assegno".

La mia idea era di prelevare sei dollari per l'uso corrente. Qualcuno mi diede un libretto degli assegni attraverso una bacchetta e qualcun altro iniziò a spiegarmi come scriverlo. Le persone in banca ebbero l'impressione che fossi un milionario invalido. Ho scritto qualcosa sull'assegno e l'ho consegnato all'impiegato. Lui lo guardò.

"Che c'è? Lo sta tirando fuori di nuovo tutto?", chiese sorpreso.

Poi mi resi conto che avevo scritto cinquantasei invece di sei. Ormai ero troppo lontano per ragionare.

Avevo la sensazione che fosse impossibile spiegare la cosa.

Tutti i commessi avevano smesso di scrivere per guardarmi.

Incosciente per l'infelicità, mi buttai a capofitto.

"Sì, tutto quanto".

"Ha ritirato i suoi soldi dalla banca?".

"Fino all'ultimo centesimo".

"Non ha più intenzione di depositare?", disse l'impiegato, stupito.

"Mai".

Un'idiota speranza mi assalì: che potessero pensare che qualcosa mi avesse insultato mentre scrivevo l'assegno e che avessi cambiato idea. Feci un misero tentativo di sembrare un uomo con un temperamento spaventosamente veloce.

L'impiegato si preparò a pagare il denaro. "Come lo vuole?", disse.

"Cosa?"

"Come li avrà?".

"Oh" - colsi il suo significato e risposi senza nemmeno provare a pensare - "in cinquanta".

Mi diede una banconota da cinquanta.

"E il sei?", chiese seccamente.

"In sei", risposi.

Me lo diede e mi precipitai fuori.

Quando la grande porta si aprì alle mie spalle, colsi l'eco di una risata scrosciante che salì fino al soffitto della banca.

Da allora non ho più fatto banca. Tengo i miei soldi in contanti nella tasca dei pantaloni e i miei risparmi in dollari d'argento in un calzino. (6)

Il signor Leacock si frugò nelle tasche dei pantaloni, tirando fuori alcune banconote canadesi e facendo tintinnare una piccola quantità di spiccioli. Uno scoiattolo si sparpagliò per il sentiero, sperando che fosse offerto del cibo, ma non c'era una crosta di pane in vista.

D: Definire l'umorismo?

R: L'umorismo nel suo significato più alto e nella sua portata più ampia... non dipende da incongruenze verbali o da trucchi della vista e dell'udito. Trova la sua base nell'incongruenza della vita stessa, nel contrasto tra le preoccupazioni e i piccoli dispiaceri del giorno e il lungo mistero del domani. Qui il riso e le lacrime diventano una cosa sola, e l'umorismo diventa la contemplazione e l'interpretazione della nostra vita. (7)

D: Ha qualche consiglio da dare agli aspiranti umoristi?

R: Non cercate mai di essere divertenti, perché è una terribile maledizione. C'è un mondo che va a rotoli e io sono preoccupato. Eppure, quando mi presento davanti a un pubblico per esporre le mie riflessioni serie, questo inizia a ridere. Sono stato pubblicizzato come divertente e si rifiutano di accettarmi come qualcosa di diverso. (8)

D: Sono affascinato dai suoi studi sull'educazione e sui primi anni di scuola perché mio figlio frequenta la scuola materna. Le dispiacerebbe parlare delle sue scoperte in questo campo?

R: Per molti secoli l'educazione elementare si è basata in gran parte sull'idea che risparmiando la verga si viziasse il bambino e che il modo più rapido per raggiungere l'intelletto giovanile fosse dal basso verso l'alto. Ma si ricorda d'altra parte il piccolo "Emile" di Rousseau che vagava tra i fiori, e la nascita dell'asilo - il giardino dei bambini, che è salito dall'infanzia verso l'alto in tutto il nostro sistema educativo.

Ricordo la mia infanzia, in Inghilterra, con un piccolo manuale elementare chiamato "Reading without Tears". All'epoca era considerata una piacevole innovazione. (9)

D: Forse potrebbe spiegare meglio?

R: In altre parole, sto cercando di dire che in gran parte della nostra educazione (almeno nella pratica) si fa prima a passare dall'ignoto al noto. Procedere ad obscurum per obscurius è spesso utile come passare attraverso un tunnel per evitare di camminare intorno a una montagna. (10)

Ai nostri giorni non possiamo lasciare l'educazione alla sola spinta del desiderio individuale di sapere e dell'interesse personale nel sapere. L'educazione non può essere lasciata a se stessa. In larga misura le arti creative della pittura, della scultura e della musica possono essere lasciate senza alcun riconoscimento da parte dello Stato e della legge, se non un generoso sostegno economico. Ma l'educazione, per ovvia necessità, deve essere sotto la costante cura e la dettagliata regolamentazione della società in generale. Qualunque sia la carenza che ne deriva deve essere ammessa e affrontata o mitigata nel miglior modo possibile. (11)

D: Lei ha frequentato spesso il circuito delle conferenze. Qual è il suo momento più memorabile?

R: Un'esperienza del mio tour come conferenziere a cui potrò sempre guardare con soddisfazione. Ho quasi avuto il piacere di uccidere un uomo ridendo: e questo nel senso più letterale del termine. I conferenzieri americani hanno spesso sognato di farlo. Io l'ho quasi fatto.

L'uomo in questione era un comodo signore dall'aspetto apoplettico, con il tipo di faccia allegra e rubiconda che si vede nei paesi in cui non c'è il proibizionismo. Era seduto vicino al fondo della sala e rideva di gusto.

All'improvviso mi resi conto che stava succedendo qualcosa. L'uomo era crollato di lato sul pavimento; un gruppetto di uomini si era radunato intorno a lui; lo sollevarono e li vidi portarlo fuori, una massa muta e inerte.

Come per dovere, continuai la mia lezione. Ma il mio cuore batteva forte per la soddisfazione. Ero sicuro di averlo ucciso.

Potete giudicare quanto fossero alte queste speranze quando, un momento o due dopo, fu consegnato un biglietto al presidente che mi chiese di fare una pausa nella mia conferenza, si alzò e chiese: "C'è un medico tra il pubblico?".

Un medico si alzò e uscì in silenzio.

La conferenza continuò, ma non ci furono più risate; il mio obiettivo era diventato quello di uccidere un altro di loro, e loro lo sapevano. Erano consapevoli che se avessero iniziato a ridere, avrebbero potuto morire.

Dopo pochi minuti fu consegnato al presidente un secondo biglietto. Annunciò molto seriamente: "È richiesto un secondo medico". La conferenza proseguì in un silenzio più profondo che mai. Tutto il pubblico era in attesa di un terzo annuncio. Arrivò.

Un nuovo messaggio fu consegnato al presidente. Si alzò e disse: "Se il signor Murchison, l'impresario di pompe funebri, è presente tra il pubblico, può gentilmente uscire?".

Quell'uomo, mi dispiace dirlo, è guarito. (12)

D: C'è qualcosa di peggio che avere un disturbatore tra il pubblico?

R: Sì! Trovo, per esempio, che ovunque io vada c'è sempre seduto tra il pubblico, a circa tre posti di distanza, un uomo silenzioso con una grande faccia immobile come un melone. È sempre lì. Ho visto quell'uomo in ogni città da Richmond, Indiana, a Bournemouth, all'Hampshire. Mi perseguita. Mi aspetto di vederlo. Mi viene voglia di fargli un cenno dal palco. E scopro che tutti gli altri conferenzieri hanno la stessa esperienza. Ovunque vadano, l'uomo con il faccione è sempre lì. Non ride mai; non importa se la gente intorno a lui è in preda alle convulsioni della risata, lui rimane seduto come una roccia - o, no, come un rospo - inamovibile.

Cosa pensi non lo so. Non riesco a capire perché venga alle conferenze. (13)

D: Lei ha tenuto conferenze in tutto il mondo. Ci sono impressioni che vorrebbe condividere?

R: Trovo che ricevo le impressioni con grande difficoltà e non ho nulla di quella facilità nel raccoglierle che è dimostrata dagli scrittori britannici sull'America. Ricordo che Hugh Walpole mi disse che difficilmente riusciva a camminare per Broadway senza ricavarne almeno tre dollari e per la Quinta Strada cinque dollari; e ricordo che St. John Ervine venne a casa mia a Montreal, bevve una tazza di tè, prese in prestito del tabacco e se ne andò con sessanta dollari di impressioni sulla vita e sul carattere canadese. (14)

D: Forse potrei restringere il campo? Qual è stata la sua impressione di Londra, in Inghilterra?

R: Un significato molto più profondo si trova nell'esame dei grandi monumenti storici della città. I principali sono la Torre di Londra, il British Museum e l'Abbazia di Westminster.

Nessun visitatore di Londra dovrebbe mancare di vederli. Anzi, dovrebbe pensare che la sua visita in Inghilterra sia sprecata se non li ha visti.

Parlo con forza di questo punto perché ne sono convinto.

Per me c'è qualcosa nel fascino lugubre della storica Torre, nella quiete claustrale del Museo e nella maestosità dell'antica Abbazia, che renderà il rimpianto della mia vita il fatto di non aver visto nessuna delle tre. Avevo tutte le intenzioni di farlo, ma non ci sono riuscito e posso solo sperare che le circostanze del mio fallimento possano essere utili ad altri visitatori. (15)

D: Non ha visto nessuno di questi luoghi imperdibili? Signor Leacock, perché no?

R: La Torre di Londra avevo certamente intenzione di visitarla. Ogni giorno, secondo la moda di ogni turista, scrivevo per me un piccolo elenco di cose da fare e vi inserivo sempre la Torre di Londra. Senza dubbio il lettore conosce il tipo di lista che intendo. Si tratta di:

1. Andare in banca.

2. Comprare una camicia.

3. Pinacoteca nazionale.

4. Lame di rasoio.

5. Torre di Londra.

6. Sapone.

Questo itinerario, mi spiace dirlo, non è mai stato realizzato per intero. (16)

D: Forse preferiva mimetizzarsi, per evitare che la gente facesse la figura del turista?

R: I londinesi, dopo tutto, non vedendo le loro meraviglie, sono come il resto del mondo. Gli abitanti di Buffalo non vanno mai a vedere le cascate del Niagara; gli abitanti di Cleveland non sanno quale sia la casa del signor Rockefeller, e la gente vive e muore a New York senza salire in cima al Woolworth Building.

E comunque, il passato è lontano e il presente è vicino.

Conosco un tassista nella città di Quebec il cui mestiere è portare le persone a vedere la Piana di Abramo, ma a meno che non lo disturbino a farlo, non mostra loro il punto in cui Wolfe è caduto: quello che indica con vero entusiasmo è il luogo in cui il sindaco e il consiglio comunale si sono seduti sulla piattaforma di legno che hanno montato per la celebrazione municipale di un'estate. (17)

Il signor Leacock cominciò a svanire, mentre la pioggia cominciava a cadere su di noi come se fossimo nel cuore di una tempesta. Sorrise, mentre si chinava e raccoglieva alcune foglie d'acero croccanti. Guardò i loro colori infuocati e si stupì chiaramente di quanto sembrassero vive anche se non facevano più parte dell'albero. Le portò al naso e inspirò profondamente, cogliendone il profumo. Uno scoiattolo ha cinguettato sopra di noi, cercando di catturare la nostra attenzione mentre il signor

Leacock metteva in tasca le foglie e spariva dalla mia vista.

Corsi di nuovo verso l'auto, dove Madame Delatour si era già rifugiata. Era seduta all'interno con i finestrini appannati ad ascoltare "Barry Manilow's Greatest Hits".

Ben presto ci siamo allontanati dalle Colline di Gatineau, dopo aver avuto il privilegio di incontrare il signor Stephen Leacock in un momento e in un luogo del tutto inaspettati.

Il signor Leacock offre un elenco molto ampio di lavori, tra cui saggi sull'economia e molti altri argomenti. Spero che questa intervista abbia stuzzicato il vostro appetito e posso garantire personalmente per quanto segue:

Lacune letterarie
Schizzi di sole di una piccola città
Avventure arcadiche con i ricchi oziosi
Altre sciocchezze
Narrativa frenetica
Come presentare due persone l'una all'altra
Cortocircuiti
Il Pickwick secco
Le ultime foglie
La mia scoperta dell'Inghilterra
L'umorismo: La sua teoria e la sua tecnica,
Con esempi e campioni; un libro di scoperta
Il ragazzo che ho lasciato dietro di me

L'allucinazione del signor Butt
Il mio notevole zio
L'esistenza retroattiva del signor Juggins
L'alba della storia canadese: Cronaca del Canada aborigeno
Raggi di luna dalla più grande follia
Romanzi senza senso
Discussione su libertà e costrizione nell'educazione
Dietro l'aldilà
Finzione e realtà.

Arrivederci alla prossima volta!
Cathy McGough
Il vostro intervistatore di scrittori leggendari dell'aldilà

ANCORA KIPLING IN AUSTRALIA

U N'ALTRA SETTIMANA è PASSATA. Dove è andato il tempo?

Per l'intervista di questa settimana torniamo indietro nel tempo. Indietro, indietro, al momento in cui Madame Delatour portò Rudyard Kipling a casa mia.

Il signor Kipling scrisse una poesia che divenne il mio inno durante gli imbarazzanti anni dell'adolescenza. L'avevo appesa alla parete della mia camera da letto su un poster gigante e sono ancora in grado di recitarla a memoria:

SI PUÒ FARE

SE riesci a mantenere la testa quando tutti intorno a te

stanno perdendo la loro e danno la colpa a te,
SE riesci a fidarti di te stessa quando tutti gli uomini dubitano di te,
ma ammettete che anche loro dubitino;
Se riesci ad aspettare e a non stancarti nell'attesa,
O se ti mentono, non trattare con le menzogne,
o di essere odiata, non cedere all'odio,
e non avere un aspetto troppo bello e non parlare in modo troppo saggio:

Se sai sognare - e non fare dei sogni il tuo padrone;
SE puoi pensare e non fare dei pensieri il tuo scopo,
se puoi incontrare il Trionfo e il Disastro
e trattare questi due impostori allo stesso modo
SE puoi sopportare di sentire la verità che hai detto
distorta da fanti per creare una trappola per gli stolti,
O vedere le cose per cui avete dato la vostra vita distrutte,
e chinarsi a costruirle con attrezzi logori;
Se potete fare un mucchio di tutte le vostre vincite
e rischiare in un solo giro di lancio e di scacchi,
e perdere, e ricominciare da capo
e non dire mai una parola sulla tua perdita;
se riesci a forzare il tuo cuore, i tuoi nervi e i tuoi tendini
a servire il tuo turno per molto tempo dopo che se ne saranno andati,
e così resistere quando non c'è più niente in voi

se non la Volontà, che dice loro: "Resisti!".

Se potete parlare con le folle e mantenere la vostra virtù,

o camminare con i re, senza perdere il contatto comune,

SE né i nemici né gli amici affettuosi possono ferirti,

SE tutti gli uomini contano con te, ma nessuno troppo;

SE puoi riempire l'inesorabile minuto

con sessanta secondi di corsa,

tua è la Terra e tutto ciò che è in essa,

E - cosa ancora più importante - sarai un uomo, figlio mio! (1)

Chi non può - non vuole - essere ispirato da queste parole?

Rudyard Kipling nacque il 30 dicembre 1865 e trascorse la sua infanzia a Bombay, in India.

Proprio in quel momento, il signor Kipling si affacciò al balcone e io gli diedi il benvenuto nella mia casa di Sydney, in Australia.

Lo pregai di sedersi e gli offrii un bicchiere del miglior Porto australiano. Lui ne accettò un bicchierino, io ne versai uno per me e poi brindammo alle gazze, il nostro unico pubblico.

D: Come è arrivato a chiamare la sua casa "Naulahka"?

R: "Naulahka" è stato tratto da un romanzo che ho scritto in collaborazione con mio cognato Wolcott-Balestier. Significa "Il gioiello". Io e mia moglie

Caroline abbiamo pensato che il nome fosse perfetto per il bungalow che avevamo costruito a Brattleboro, nel Vermont, nel 1892. Abbiamo vissuto lì molto felicemente per quasi cinque anni. (2)

D: Le è sempre piaciuto leggere?

R: Ero miope dalla nascita, eppure da ragazzo leggevo continuamente e onnivoramente decine e decine di drammi antichi... i viaggi di Hakluyt, le traduzioni francesi degli autori moscoviti Pushkin e Lermontov.

Quando papà e mamma vennero a sapere che sapevo leggere, mi inviarono volumi di valore inestimabile. Uno l'ho conservato per tutta la vita, una copia rilegata di "Aunt Judy's Magazine" dei primi anni Settanta, in cui compariva "Mrs. Ewing's Six to Sixteen".

Devo a quel racconto, per vie traverse, più di quanto possa dire. Lo conoscevo, come lo conosco ancora, quasi a memoria. Si trattava di una storia di persone e cose reali. Era meglio dei "Racconti all'ora del tè" di Knatchbull-Hugessen. Meglio persino di "The Old Shikari" con le sue incisioni in acciaio di maiali che caricano e tigri arrabbiate.

Su un altro piano c'era una vecchia rivista con "I climbed the dark brow of the mighty Helvellyn" di Scott. Non ne conoscevo il significato, ma le parole mi commuovevano e mi piacevano. Così come altri estratti dalle poesie di A. Tennyson.

Quando mio padre mi inviò "Robinson Crusoe" con incisioni in acciaio, mi misi in proprio come commerciante di selvaggi (le parti del racconto relative ai relitti non mi hanno mai interessato molto), in una stanza ammuffita del seminterrato dove sopportavo la mia reclusione solitaria. Il mio apparato era costituito da un guscio di noce di cocco legato a una corda rossa, da un baule di latta e da un pezzo di cassa da imballaggio che teneva lontano qualsiasi altro mondo. Così, recintato, tutto ciò che si trovava all'interno del recinto era del tutto reale, ma mescolato all'odore degli armadi umidi. Se il pezzo di cartone cadeva, dovevo ricominciare la magia da capo. Da allora ho imparato da bambini che giocano molto da soli che questa regola di ricominciare da capo in un gioco di finzione non è rara. La magia, si capisce, sta nell'anello o nel recinto in cui ci si rifugia. (3)

D: Ho saputo che avete acquistato un terreno canadese durante la vostra luna di miele?

R: Caroline e io ci siamo sposati nella chiesa di Langham Place - Gosse - e pochi giorni dopo eravamo sul nostro tappeto magico, che ci avrebbe portato in giro per la terra, a cominciare dal Canada innevato.

Tra i nostri regali di nozze c'era una generosa fiaschetta d'argento piena di whisky, ma di abitudini incontinenti. Perdeva nella valigia dove giaceva con le camicie di flanella. E profumava l'intero pullman da un capo all'altro prima che arrivassimo alla causa. A quel punto, tutti i nostri compagni di viaggio avevano pietà di quella povera ragazza che aveva legato la sua vita a questo inebriato senza vergogna.

Così, in una falsa atmosfera tutta nostra e innocente, arrivammo a Vancouver, dove con un occhio al futuro e come prova di ricchezza comprammo, o pensammo di avere, venti acri di una zona selvaggia chiamata North Vancouver, ora parte della città.

Ma c'era una fregatura, come scoprimmo molti anni dopo quando, dopo aver pagato le tasse per tanto tempo, scoprimmo che apparteneva a qualcun altro. L'unica consolazione che ricevemmo allora dai sorridenti abitanti di Vancouver fu:

"L'avete comprato da Steve, vero? Ah-ah, Steve! Non avreste dovuto comprarlo da Steve. No! Non da Steve".

E così il buon Steve ci ha guarito dalla speculazione immobiliare. (4)

D: Vi prego di accettare le mie scuse (in quanto canadese di nascita) per l'appropriazione indebita dei vostri fondi da parte di Steve. Forse Steve era un attivista per i diritti degli animali e aveva sentito che lei aveva una passione per la caccia?

R: Andavo a caccia nei boschi, non con i fucili ma con gli occhi. Amavo i boschi per se stessi e non per la macellazione. Non c'era niente di così glorioso come il profumo del sole e dei pini della campagna del

New England. Soprattutto in estate. L'estate del New England ha sangue creolo nelle vene. (5)

D: Lei era un giornalista di successo in India e sperava di continuare la sua carriera quando si è trasferito negli Stati Uniti, ma l'editore di "The Examiner" non è stato esattamente collaborativo.

R: Avevo ventiquattro anni e scrivevo già da qualche anno. Avevo già scritto "L'uomo che sarebbe diventato re".

In ogni caso, l'editore mi disse: "Mi dispiace, signor Kipling, ma lei non sa usare la lingua inglese. Mi scusi la franchezza, ma "The Examiner" non è un asilo per scrittori dilettanti. (6)

D: OH, deve aver fatto male! Tuttavia, lei è sempre stato accolto e adorato in Australia. Infatti, l'Australia onora ancora la sua visita qui nel 1821, con una targa sul Circular Quay. Come ricorda l'Australia?

R: I miei ricordi di viaggio in Australia si confondono con i treni che mi trasferivano, a ore improponibili, da uno scartamento di Stato troppo esclusivo a un altro; con cieli enormi e sale di ristoro primitive, dove bevevo tè caldo e mangiavo carne di montone, mentre di tanto in tanto un vento caldo, come l'aspetto del Punjab, rimbombava dal vuoto. Andai anche a Sydney, che era popolata da moltitudini di persone benestanti, tutte in maniche di camicia e tutte intente a fare picnic per tutto il giorno. (7)

D: Mi piacerebbe sentirla recitare una poesia. Le dispiacerebbe leggere "Città, troni e poteri", un'altra delle mie preferite.

R: Ottima scelta!

CITTÀ TRONI E POTERI
Città, Troni e Poteri
Si trovano nell'occhio del tempo,
quasi come i fiori,
che ogni giorno muoiono:
Ma come nuovi boccioli che spuntano
per rallegrare nuovi uomini,
dalla terra consumata e non considerata
le città risorgono.
Il narciso di questa stagione,
non sente mai
Che cambiamento, che caso, che freddo,
ha abbattuto quello dell'anno scorso;
ma con un volto coraggioso,
e poca conoscenza,
ritiene che i suoi sette giorni di vita continuino,
sia perpetua.
Così, il tempo che è finito, gentile
a tutto ciò che è,
ci ordina come ciechi,
ma anche audaci come lei:
che nella nostra stessa morte
e la sepoltura sicura,

ombra a ombra, ben convinta, dice,

"Vedi come durano le nostre opere!". (8)

D: È vero! E a proposito di gestione del tempo, aveva una rigida routine quotidiana di scrittura?

R: Lavoravo rigorosamente ogni giorno dalle 9 alle 13 alla mia scrivania. Non venivo mai disturbato, perché per entrare nel mio studio bisognava passare attraverso una stanza più piccola - si chiamava la camera del drago - dove mia moglie sedeva con i suoi ferri da calza e con un occhio di riguardo per eventuali intrusi indesiderati. Fu lì che scrissi "Capitan Coraggio" e i due Libri della Giungla. Quindi, la vigilanza della signora Kipling non rimase senza ricompensa. (9)

D: Ho letto da qualche parte che se scrivi ogni giorno alla stessa ora e nello stesso luogo, la tua Musa saprà sempre dove e quando trovarti. È d'accordo?

R: La magia della letteratura sta nelle parole e non in un uomo. Un migliaio di parole eccellenti e faticose possono lasciarci freddi o addormentarci, mentre appena mezzo centinaio di parole pronunciate da un uomo nella sua agonia, o nella sua esaltazione, o nel suo ozio, dieci generazioni fa, possono ancora condurre intere nazioni dentro e fuori dalla prigionia, possono aprirci le porte dei tre mondi, o agitarci in modo così intollerabile che a malapena riusciamo a guardare la nostra anima. È un miracolo che accade molto raramente. Ma segretamente ognuno degli uomini senza padrone con le parole spera, o ha sperato, che il miracolo si compia di nuovo attraverso di lui. (10)

D: Cosa pensa dell'origine della narrativa?

R: La narrativa è nata quando un uomo ha inventato una storia su un altro uomo. Si è sviluppata quando un altro uomo ha raccontato storie su una donna. Quest'epoca faticosa ha generato la prima scuola di critica distruttiva e il Primo Critico, che ha trascorso la sua breve ma vivace vita cercando di spiegare che un uomo non deve essere una gallina per giudicare i meriti di una frittata. È morto, ma la questione che ha sollevato è ancora aperta. I primi scrittori l'hanno ereditata dai loro antenati illetterati, che hanno anche lasciato loro in eredità l'intero patrimonio di trame e situazioni primordiali, quelle cinquanta commedie e tragedie finali a cui gli dei limitano misericordiosamente l'azione e la sofferenza umana. La maggior parte delle arti ammette la verità che non è conveniente raccontare tutto a tutti. La narrativa non riconosce questo limite. Non c'è emozione o stato d'animo umano che sia vietato aggredire, non c'è un canone di riserbo o di pietà che debba essere rispettato nella narrativa. Perché dovrebbe esserci? L'uomo, dopo tutto, non sta dicendo la verità. Sta solo scrivendo una finzione. Mentre la scrive, il suo mondo ne trarrà solo quel tanto di verità o di piacere che gli serve per il momento. Col tempo un po' di più, o molto meno, del residuo può essere portato nel resoconto generale e lì, forse, deviato verso fini che lo scrittore non aveva mai sognato. (11)

D: Si dice che lei abbia regalato il manoscritto de "Il libro della giungla" a un membro della sua famiglia. È vero?

R: Fu regalato a un'infermiera che si era presa cura del mio primogenito. Le consigliai di prendere la sceneggiatura e un giorno, se avesse avuto bisogno di soldi, avrebbe potuto venderla a un buon prezzo.

Anni dopo, quando ne ebbe bisogno, lo vendette e visse bene per il resto della sua vita. (12)

D: Che gesto generoso. Come si è sentita ad essere corteggiata dal "Ladies Home Journal"?

R: Per niente. Milioni di lettori hanno apprezzato "Il libro della giungla" e ho ricevuto più offerte da riviste di quante ne potessi accettare.

In un'occasione, il direttore del "Ladies Home Journal", Edward W. Bok, mi chiese di scrivere una storia per la sua rivista. Non mi piaceva la rivista e quindi chiesi un compenso esorbitante per il racconto, sperando di spaventare il direttore.

Tuttavia, il signor Bok accettò il prezzo, così io scrissi la storia di "Guglielmo il Conquistatore", la gettai nella cassetta della posta e pensai che la questione fosse chiusa. Ma non era così.

Qualche giorno dopo ricevetti una nota dal signor Bok, che mi diceva che il racconto era "eccellente", ma che mi sarebbe dispiaciuto apportare una "piccola ma necessaria modifica alla copia".

L'articolo conteneva un riferimento al whisky e allo champagne, due bevande che erano tabù nel "Ladies Home Journal". Il signor Bok mi chiese se sarei stato "così gentile da sostituire con un paio di bevande più leggere".

Ho risposto prontamente con: No, il signor Kipling non sarebbe così cortese. O prende il whisky, o restituisce la storia.

Alla fine il signor Bok pubblicò il racconto così come l'avevo scritto. Così, fui il primo uomo ad avere il privilegio di versare un bicchiere di whisky sulle pagine del "Ladies Home Journal". (13)

D: Ha qualche consiglio da dare agli scrittori del futuro?

R: Fate il vostro dovere, vivete stoicamente, vivete in modo pulito, vivete allegramente. (14)

Il signor Kipling è scomparso all'istante, senza nemmeno il tempo di un cenno di saluto.

Se non avete letto le opere del signor Kipling, vi aspetta una vera delizia. Date un'occhiata a queste, per cominciare, e presto ne vorrete ancora e ancora:

L'uomo che sarebbe diventato re

Il Naulahka - Una storia di Occidente e Oriente

Il libro della giungla

Capitani coraggiosi

Il lavoro del giorno

Kim

Un libro di parole

Qualcosa di me stesso

Canzoncine di reparto
Il giardino di un bambino
Una leggenda di verità
L'ora dell'angelo
Il gatto che camminava da solo
Il cammino del pellegrino.

Poi carukiren!
Cathy McGough
Il vostro intervistatore di scrittori leggendari dell'aldilà

DICKENS E LE COLLINE DEI TELETUBBY

ENVENUTI AMICI ALL'INTERVISTA DI questa settimana con uno dei più grandi scrittori della storia del mondo: Charles Dickens. Un silenzio di tomba avvolge la folla!

State per incontrare un uomo che è stato in grado di scrivere non un romanzo, non due romanzi, ma ben TRE NOVELLE in un solo anno! Il signor Dickens non si è fermato a questo! Nel suo "tempo libero" ha anche diretto una rivista e scritto un'operetta. (1) La sua Musa era sicuramente impegnata!

Non credo che nessuno sarebbe in disaccordo con me se dichiarassi il signor Dickens vincitore nella categoria delle prime righe famose. In attesa dell'arrivo del signor Dickens, vediamo se riuscite a identificare l'opera da cui proviene questo verso:

Io sono nato. (2)

Lo conoscete? Forse avete bisogno di un piccolo suggerimento? Allora ecco a voi:

Se sarò l'eroe della mia vita o se quel posto sarà occupato da qualcun altro, queste pagine lo dimostreranno. (3)

Avete indovinato? Sì, avete ragione se avete pensato che la frase fosse tratta da "David Copperfield", pubblicato per la prima volta nel 1869.

È quasi ora che il signor Dickens faccia la sua apparizione e quindi mi sto dirigendo verso il luogo in cui si svolgerà la nostra intervista. Qui, il signor Dickens e io saremo circondati dalle bellezze naturali dell'Australia: magnifici alberi di gomma, il fiume Cooks, colline simili a tele, un parco e un campo da calcio non occupato.

Charles Dickens nacque a Lanport, nella contea dell'Hampshire, in Inghilterra, il 7 febbraio 1812. Da bambino, quando il padre si trovò in difficoltà economiche, Charles lavorò in una fabbrica di anneritori mentre la sua famiglia fu messa in una prigione per debitori nel 1824. Dopo un'infanzia difficile, frequentò l'Accademia di Wellington a Londra, dove ricevette una certa istruzione e in seguito divenne reporter.

Ecco il signor Dickens che cammina nella mia direzione attraverso il campo da calcio vuoto.

Sembrava un po' in soggezione rispetto a ciò che lo circondava e, mentre lo guardavo, mi chiedevo dove diavolo fosse Madame Delatour. Non stava facendo sentire il signor Dickens molto benvenuto, visto che non era in vista.

Rendendomi conto che era completamente solo, mi alzai dalla panca di legno e mi diressi verso di lui. Mentre ci avvicinavamo sempre più l'uno all'altro, notai il suo aspetto piuttosto strano.

Non sapendo dove guardare, guardai in lontananza dove vidi la signora, nascosta dietro un albero e ridacchiando. A volte è davvero maleducata!

Il signor Dickens mi tese la mano e mi disse:

Un fiore che prende vita - era lo sguardo che cercavo. Come sono andato? (4)

Ho considerato la sua intenzione, osservando il suo aspetto da cima a fondo. Dopo tutto aveva chiesto la mia opinione. I capelli, la barba e i baffi rosso fuoco. Il suo gilet verde brillante. I pantaloni color lavanda. La sua cravatta scarlatta. I suoi occhi raggianti. (5)

Gli assicurai che aveva avuto successo, perché gli uccelli e le api non mentono mai.

Compiaciuto di sé, cucì il suo braccio sotto il mio, mentre camminavamo verso la panchina del parco. Poi il signor Dickens chiese:

Come posso esserle utile, cara signora?

D: Prima di tutto, grazie per essere qui con me oggi. Molti scrittori credono che sia necessario vivere le cose in prima persona per poterne scrivere. "Oliver Twist" era autobiografico?

R: Mio padre fu mandato in prigione per tre mesi per un debito di 40 sterline. Poiché eravamo così poveri, all'età di dodici anni fui mandato in una fabbrica di tessuti neri. È lì che ho conosciuto il mio "Fagin". Si trovava in un vecchio edificio in rovina vicino alle scale di Hungerford. Non mi ci trovavo bene e senza istruzione sapevo di essere stato condannato alla routine senza speranza di uno schiavo salariato. Rimasi lì solo per cinque mesi, ma da bambino sentivo che ci sarei rimasto per sempre. (6)

D: Come guarda a quel periodo della sua vita?

R: È meraviglioso per me come sia stato possibile che io sia stato scacciato così facilmente a un'età così giovane. È meraviglioso per me il fatto che, anche dopo la mia discesa nella povera e piccola schiappa che ero stata da quando eravamo arrivati a Londra, nessuno abbia avuto abbastanza compassione di me - una bambina dalle capacità singolari, veloce, ansiosa, delicata e presto ferita fisicamente o mentalmente - da suggerire che si sarebbe potuto risparmiare qualcosa, come certamente si sarebbe potuto fare, per collocarmi in una qualsiasi scuola comune. (7)

D: Quindi, ha creato un personaggio con cui identificarsi, informando allo stesso tempo i lettori?

R: Volevo che fosse la storia delle cose come sono realmente. "Oliver Twist" era un documento sociale, una denuncia degli orrori dei poveri e dei fuorilegge. Volevo mostrare le terrificanti condizioni della casa di lavoro, causate dalla Poor Law del 1834, una legge concepita per rendere il soccorso così poco attraente che solo i più disperati vi avrebbero fatto ricorso. La filosofia alla base della Poor Law era che gli indigenti affollavano la casa di lavoro perché si divertivano a starci, un atteggiamento che era ridicolo.

Così la descrissi: un luogo regolare di intrattenimento pubblico... una taverna dove non c'era nulla da pagare; una colazione, una cena, un tè e una cena pubblici tutto l'anno; un Eliseo di mattoni. La nuova legge prevedeva razioni così magre che i poveri sarebbero morti di fame più rapidamente in una casa di lavoro che fuori. Il menu comprendeva: Tre pasti di pappa sottile al giorno, con una cipolla due volte alla settimana e mezzo panino la domenica. (8)

D: Come è arrivato a scrivere "Racconto di due città"?

R: Quando recitavo con i miei figli e amici nel dramma del signor Wilkie Collins "The Frozen Deep", ho concepito per la prima volta l'idea principale di questa storia. In quel momento avevo un forte desiderio di incarnarla nella mia persona e ho tracciato con particolare cura e interesse lo stato d'animo che avrebbe richiesto la presentazione a uno spettatore attento.

Man mano che l'idea mi diventava familiare, si modellava gradualmente nella forma attuale. Per tutta la durata della sua esecuzione, essa ebbe pieno possesso di me; verificai ciò che era stato sofferto sulle pagine, come se l'avessi sofferto io stesso. (9)

D: "David Copperfield" è un romanzo avvincente dall'inizio alla fine. Quanto tempo ha impiegato per scriverlo?

R: Forse al lettore interesserebbe poco sapere con quanta tristezza si depone la penna al termine di un lavoro immaginativo durato due anni, o come un autore si senta come se stesse congedando una parte di sé nel mondo delle ombre, quando una folla di creature del suo cervello se ne va per sempre. Tuttavia, non avevo altro da raccontare; a meno che non dovessi confessare che nessuno può mai credere alla narrazione, nella lettura, più di quanto io abbia creduto nella scrittura. (10)

D: Molti hanno paragonato la scrittura di un romanzo al parto... I suoi due anni di duro lavoro hanno certamente portato al mondo un personaggio memorabile.

R: Di tutti i miei libri, è quello che mi piace di più. Si crederà facilmente che sono un genitore affettuoso per ogni figlio della mia fantasia, e che nessuno potrà mai amare quella famiglia con la stessa intensità con cui la amo io. Ma, come molti genitori affettuosi, nel mio cuore ho un figlio preferito. E il suo nome è David Copperfield. (11)

DAVID COPPERFIELD
Capitolo 1
Sono nato.

Se sarò l'eroe della mia vita o se quel posto sarà occupato da qualcun altro, queste pagine devono dimostrarlo. Per iniziare la mia vita con l'inizio della mia vita, scrivo che sono nato (come sono stato informato e credo) un venerdì, alle dodici di sera. È stato osservato che l'orologio ha iniziato a battere e io ho iniziato a piangere, contemporaneamente.

In considerazione del giorno e dell'ora della mia nascita, l'infermiera e alcune sagge donne del vicinato, che si erano interessate a me diversi mesi prima che ci fosse la possibilità di conoscerci personalmente, dichiararono in primo luogo che ero destinata a essere sfortunata nella vita e, in secondo luogo, che avevo il privilegio di vedere i fantasmi e gli spiriti; entrambi questi doni sono inevitabilmente legati, come ritenevano, a tutti i neonati sfortunati di entrambi i sessi, nati verso le ore piccole di venerdì sera. (12)

D: Signor Dickens, quando si recò per la prima volta in Nord America nel 1842, cosa ricorda maggiormente del lungo viaggio?

R: La terza mattina fui svegliato dal sonno da un urlo lugubre di mia moglie, che chiedeva di sapere se c'era qualche pericolo. Aprii gli occhi e guardai fuori dal letto.

La brocca d'acqua si tuffava e saltava come un delfino vivace; tutti gli oggetti più piccoli erano a galla, tranne le mie scarpe, che erano incagliate su un sacchetto di moquette, alte e asciutte, come un paio di barconi di carbone. All'improvviso le vidi balzare in aria ed ecco che lo specchio, che era inchiodato alla parete, era attaccato al soffitto. Nello stesso momento, la porta era completamente scomparsa e una nuova si apriva sul pavimento. Fu allora che cominciai a capire che la cabina era in piedi sulla testa. (13)

D: Lei e sua moglie dovete essere rimasti pietrificati. Come avete fatto a soffrire il mal di mare attraversando il porto di Sydney in traghetto?

R: Non ho avuto il mal di mare, sia chiaro, nell'accezione ordinaria del termine; vorrei averlo avuto, ma in una forma che non ho mai visto o sentito descrivere, anche se non ho dubbi che sia molto comune.

Rimasi lì, per tutto il giorno, in modo freddo e soddisfatto; senza alcun senso di stanchezza, senza alcun desiderio di alzarmi, di stare meglio o di prendere aria; senza alcuna curiosità, o preoccupazione, o rimpianto, di qualsiasi tipo o grado, tranne che per il fatto che credo di ricordare, in questa indifferenza universale, di aver provato una sorta di pigra gioia - un piacere diabolico, se qualcosa di così letargico può essere degnato di questo titolo - per il fatto che mia moglie era troppo malata per parlarmi. (14)

D: Il viaggio in treno è stato migliore?

R: Per miglia e miglia e miglia siamo andati avanti in profonde solitudini, non interrotte da alcun segno di vita umana o traccia di passo umano; non si vedeva nulla muoversi intorno a loro se non la ghiandaia azzurra, il cui colore era così brillante, eppure così delicato, da sembrare un fiore volante. (15)

D: Oh sì, la ghiandaia azzurra. Che immagine perfetta ha dipinto. Le dispiacerebbe condividere i suoi ricordi di uno dei luoghi più belli del mondo, le cascate del Niagara?

R: Quando mi ci sono avvicinato con il traghetto, allora, è quando ho sentito quanto fossi vicino al mio Creatore, il primo effetto e quello duraturo - istantaneo e duraturo - del tremendo spettacolo è stato la pace e la tranquillità della mente: Tranquillità: Ricordi calmi dei morti: Grandi pensieri di eterno riposo e felicità: niente di tristezza e terrore. Il Niagara si impresse subito nel mio cuore come un'immagine di bellezza, destinata a rimanere lì, immutabile e indelebile, finché le sue pulsazioni non cesseranno di battere, per sempre.

Oh, come le lotte e i problemi della nostra vita quotidiana si allontanarono dalla mia vista, e si ridussero in lontananza, durante i dieci memorabili giorni che passammo su quel terreno incantato!

Quali voci parlavano dall'acqua scrosciante, quali volti, sbiaditi dalla terra, mi guardavano dalle sue profondità scintillanti, quale promessa celeste brillava in quelle lacrime d'angelo, le gocce di molte tonalità, che piovevano intorno e si attorcigliavano agli splendidi archi che il mutevole arcobaleno creava!

Andare avanti e indietro per tutto il giorno e vedere le cataratte da tutti i punti di vista; stare sul bordo delle grandi cascate di Horse Shoe, osservando l'acqua frettolosa che prendeva forza man mano che si avvicinava all'orlo, ma che sembrava anche fermarsi prima di gettarsi nel golfo sottostante; guardare dal livello del fiume il torrente che scendeva a fiumi; salire sulle alture vicine e osservarlo attraverso gli alberi, vedendo l'acqua che si contorceva nelle rapide e si affrettava a fare il suo pauroso tuffo; soffermarmi all'ombra delle solenni rocce tre miglia più in basso; osservare il fiume che, senza alcuna causa visibile, si agitava e risvegliava gli echi, turbato ancora molto sotto la superficie, dal suo gigantesco salto; avere il Niagara davanti a me, illuminato dal sole e dalla luna, rosso nel declino del giorno e grigio quando la sera scendeva lentamente su di esso; guardarlo ogni giorno, e svegliarmi di notte e sentire la sua voce incessante: questo era sufficiente. (16)

D: Che viaggio di ritorno a casa, signor Dickens. Grazie! Ha qualche consiglio da dare agli scrittori nel 2003 e oltre?

A: Vorrei semplicemente dire che credo che nessun vero uomo, con qualcosa da raccontare, debba avere il minimo timore, sia per se stesso che per il suo messaggio, di fronte a un gran numero di ascoltatori - sempre che non sia afflitto dall'idea coxcombica di scrivere all'intelligenza popolare, invece di scrivere l'intelligenza popolare fino a se stesso, se per caso è al di sopra di essa; - e, a condizione che si esprima chiaramente su ciò che è in lui, il che non sembra essere una condizione irragionevole, dato che si suppone che abbia un qualche oscuro disegno di farsi capire. (17)

D: Temo che il nostro tempo stia per finire. Reciterebbe una poesia per me? Se dovesse iniziare a svanire, la finirò per lei.

Quando il signor Dickens iniziò a leggere, i bambini apparvero uno dopo l'altro, da oltre le colline simili a Tele-tubby. All'inizio ridacchiarono per il buffo uomo, vestito da fiore, che fece loro l'occhiolino. Si radunarono intorno a lui e lo ascoltarono con attenzione:

A: Questa poesia è per tutti voi piccoli, avvicinatevi, non mordo.

Sorrise mentre i bambini si avvicinavano e aspettò che fossero tutti seduti in silenzio, poi iniziò:

I BAMBINI
Quando le lezioni sono finite
  e la scuola per il giorno viene chiusa,
  e i piccoli si riuniscono intorno a me
  per darmi la buonanotte ed essere baciati;
  Le piccole braccia bianche che circondano il mio
  collo in un tenero abbraccio!
  I sorrisi che sono aureole di cielo
  Che spargono il sole della gioia sul mio viso!

E quando se ne vanno, mi siedo sognando

della mia infanzia, troppo bella per durare;

Dell'amore che il mio cuore ricorda bene

Quando si sveglia al battito del passato,

Prima che il mondo e la sua malvagità mi rendessero

una porzione di dolore e di peccato

Quando la gloria di Dio era intorno a me,

e la gloria della gioia dentro di me.

Oh! Il mio cuore diventa debole come quello di una donna

E la fonte del sentimento sgorgherà

Quando penso al sentiero, ripido e sassoso,

dove i piedi dei miei cari devono andare;

Alle montagne del peccato che incombono su di loro.

Alla tempesta del destino che soffia selvaggiamente;

Oh! Non c'è niente sulla terra che sia mezzo santo

Come il cuore innocente di un bambino.

Sono idoli dei cuori e delle case;

Sono angeli di Dio, sotto mentite spoglie;

La sua luce solare dorme ancora nei loro capelli,

La sua gloria brilla ancora nei loro occhi.

Oh! Quegli assenti da casa e dal cielo.

Mi rendono più virile e mite;

E ora so come Gesù possa paragonare

Il regno di Dio a un bambino.

Non chiedo una vita per i miei cari,

tutta radiosa, come altri hanno fatto;
Ma che la vita abbia un'ombra sufficiente
per attenuare il bagliore del sole.
Vorrei pregare Dio di proteggerli dal male -.
Ma la mia preghiera tornerebbe a me stesso.
Un serafino può pregare per un peccatore,
Ma un peccatore deve pregare per se stesso.
Il ramoscello è così facilmente piegato,
Ho bandito la regola e la verga;
Ho insegnato loro la bontà della conoscenza,
Loro mi hanno insegnato la bontà di Dio.
Il mio cuore è una prigione di tenebre;
quando impedisco loro di infrangere una regola;
Il mio cipiglio è una correzione sufficiente.
Il mio amore è la legge della scuola.
In autunno lascerò la vecchia casa
Per non varcare più la sua soglia.
Ah! Come sospirerò per le persone care
che mi incontrano ogni mattina alla porta!
Mi mancheranno le "buone notti" e i baci,
e lo sgorgare della loro innocente allegria,
Il gruppo sul prato e i fiori
che mi vengono portati ogni mattina.
In previsione dell'imminente partenza del signor
Dickens, Madame Delatour lo portò via. Io continuai
a leggere:
Mi mancheranno al mattino e alla sera,
i loro canti a scuola e per strada;
Mi mancherà il basso ronzio delle loro voci,

e il calpestio dei loro piedi delicati

Quando le lezioni e i compiti sono finiti,

e la morte dirà: "La scuola è finita".

Che i piccoli si riuniscano intorno a me

Per darmi la buonanotte ed essere baciati. (18)

I bambini e i genitori applaudirono contemporaneamente. Mi inchinai e mi avviai verso casa.

Una parte del mio cuore si sentiva inquieta mentre passeggiavo lungo il mio solito sentiero, che si snodava intorno al fiume Cooks. Le onde saltavano su, apparentemente cercando di attirare la mia attenzione. Le vidi, lambendo le rive, ma ignorai la loro esibizione. Il mio cuore si struggeva per Niagara. E oggi, niente poteva fermare quel desiderio.

I seguenti romanzi vi lasceranno con la voglia di saperne di più:

Oliver Twist

Nicholas Nickleby

La vecchia bottega di curiosità

Un canto di Natale

David Copperfield

Racconto di due città

Grandi speranze

Note americane a circolazione generale

La canzone del naufragio

Storia di uno scolaro

La storia di nessuno

Storia di un bambino.

Cheerio!
Cathy McGough
Il vostro intervistatore di scrittori leggendari dell'aldilà

DOSTOEVSKY A HEATHROW

RICORDO BENE QUEL GIORNO come se fosse ieri. Eravamo all'aeroporto di Heathrow, in attesa del nostro volo. La compagnia aerea lo aveva cancellato, ritardato e non sembrava avere idea di quando saremmo partiti.

Madame Delatour e io eravamo a Londra da dodici giorni. Maggio in Inghilterra significava pioggia e ancora pioggia. Un bene per i fiori, ma non altrettanto per i turisti. Un luogo che abbiamo visitato ha significato di più per noi a causa della pioggia.

La mia mente è tornata alla città natale di John Fowles, Lyme Regis. Lì ho camminato lungo "The Cobb", sulle orme della Sarah Woodruff di "La donna del tenente francese" di Fowles. La pioggia mi bagnava fino alla pelle, mentre il vento mi costringeva ad allontanarmi sempre di più lungo lo stretto muro sassoso del porto. Mi sentivo vulnerabile agli elementi, senza protezione, come se il vento volesse far prendere il volo alle maniche della mia giacca.

Riportato alla realtà da una voce all'altoparlante, mi guardai intorno nell'affollata sala d'attesa alla ricerca di Blanchetta. Sembrava che fosse scomparsa. Controllai i negozi di souvenir, le toilette e qualsiasi altro posto mi venisse in mente, ma non riuscii a trovarla. Poiché non si sapeva ancora nulla della nostra partenza, mi sdraiai per un altro pisolino.

Ore dopo, il rumore dei tacchi alti che risuonava lungo i corridoi mi svegliò di soprassalto. Qualcuno stava chiamando il mio nome. Mi tolsi il sonno dagli occhi mentre Blanchetta mi piombava addosso. Era così eccitata che non le uscivano parole dalla bocca, anche se la sua lingua scodinzolava.

A quanto pare, si era addormentata e lo scrittore russo Fëdor Dostoevskij l'aveva contattata. Le aveva chiesto se fosse possibile tornare all'anno 2001 e fare un'intervista. Blanchetta era chiaramente entusiasta del signor Dostoevskij.

All'inizio non ero sicuro del luogo. Mi sono guardata intorno, vedendo i passeggeri che andavano e venivano, e mi sono chiesta se qualcuno avrebbe riconosciuto il nostro ospite se fosse passato di lì.

Dopo averci riflettuto un po', decidemmo che era troppo rischioso riportare a terra il signor Dostoevskij in un simile caos. Viaggiatori scontenti si aggiravano ovunque, bambini irrequieti e genitori impazienti: c'erano troppe distrazioni per dare al signor Dostoevskij l'attenzione che meritava.

Alla fine abbiamo chiesto una stanza per una riunione di lavoro, che la compagnia aerea ci ha gentilmente fornito. (Almeno una cosa l'hanno fatta bene!).

Fëdor Dostoevskij nacque il 30 ottobre 1821 a Varvara, in Russia. Dire che il signor Dostoevskij ebbe una vita difficile è l'eufemismo di sempre. Nel 1866, quando fu pubblicato il suo romanzo più famoso, "Delitto e castigo", aveva già scritto "Povera gente", "Il sosia", "Appunti dalla casa morta" e "Note dal sottosuolo". Nel gennaio 1879, il suo ultimo romanzo, "I fratelli Karamazov", vendette 1.500 copie in pochi giorni. (1) Due anni dopo morì in estrema povertà, senza lasciare nulla "tranne i suoi libri". (2)

Tirando fuori la mia copia ho iniziato a leggere:

NOTE DAL SOTTOSUOLO

Non solo non riuscivo a diventare dispettoso, ma non sapevo come diventare nulla: né dispettoso né gentile, né un mascalzone né un uomo onesto, né un eroe né un insetto.

Entrò il signor Dostoevskij. Vedendo che stavo leggendo il suo libro, mi fece cenno di prenderlo. Glielo porsi, con il mio segnapagina. Fui felicissimo quando iniziò a leggermi la sua opera.

Ora, vivo la mia vita nel mio angolo, schernendomi con la dispettosa e inutile consolazione che un uomo intelligente non può diventare nulla di serio, ed è solo lo sciocco che diventa qualcosa. Sì, un uomo nel XIX secolo deve e moralmente dovrebbe essere preminentemente una creatura senza carattere; un uomo di carattere, un uomo attivo, è preminentemente una creatura limitata. Questa è la mia convinzione da quarant'anni. Ho quarant'anni ora, e sapete che quarant'anni sono una vita intera; sapete che è una vecchiaia estrema. Vivere più di quarant'anni è maleducazione, è volgare, è immorale. Vi dirò chi sono gli sciocchi e gli inutili. Lo dico in faccia a tutti i vecchi, a tutti questi venerabili vecchi, a tutti questi anziani dai capelli d'argento e riverenti! Lo dico in faccia al mondo intero. Ho il diritto di dirlo, perché io stesso vivrò fino a sessant'anni. Fino a settanta! Fino a ottanta! (3)

Avevo osservato lo spettacolo del signor Dostoevskij. Particolarmente interessante era il modo in cui la sua barba ramata entrava nello spazio aperto della giacca del suo abito marrone, cancellando completamente la camicia che indossava sotto. I suoi occhi erano pieni di risate mentre leggeva, ma quando finì la risata scomparve per rivelare una profonda tristezza. Si ricompose, sorrise e si diresse verso di noi. Ringraziò me e Madame Delatour per avergli dato l'opportunità di tornare a Londra nel 2001.

La volta della mia mente è scattata. Mi sono ricordato di aver letto da qualche parte della visita di Dostoevskij all'Esposizione Universale di Londra al Crystal Palace nel 1862. (4)

D: Signor Dostoevskij, mi racconta la sua prima visita a Londra?

R: L'Esposizione Universale era davvero magnifica. Si percepiva l'enorme potere che aveva attirato lì quella massa di persone provenienti da tutto il mondo in un unico gregge... E per quanto ci si potesse sentire liberi e indipendenti prima, lì si veniva colti da una paura sconosciuta...

La scena aveva qualcosa di biblico, di babilonese, come se la profezia dell'Apocalisse si fosse avverata. Si era improvvisamente consapevoli che ci sarebbero volute molte resistenze e negazioni spirituali nel corso dei secoli per resistere alla pressione e non soccombere completamente all'impressione impressionante, per non piegarsi al fatto e non adorare Mammona, in altre parole, per non accettare l'esistente per l'ideale... (5)

Madame Delatour tornò nella stanza portando con sé un rinfresco. Il signor Dostoevskij notò subito il bricco di tè caldo e fumante e ne accettò una tazza. Poi chiese a Madame Delatour se fosse così gentile da acquistare del tabacco per poter rollare una sigaretta. (6)

Non volendo rimproverarlo sui cattivi effetti del fumo (visto che era già deceduto), Madame Delatour gli portò il necessario. Lui chiese inaspettatamente:

D: Potrei avere un portapenne? (7)

Nessuno dei due ne aveva uno, ma io gli passai la mia penna Parker e guardai il signor Dostoevskij che arrotolava la sigaretta e poi la metteva tra le labbra.

Accorgendosi che non c'erano fiammiferi a portata di mano, Madame Delatour fece la proposta di uscire dalla stanza per acquistarne qualcuno, ma il signor Dostoevskij spiegò che non era necessario. Suggerì di continuare l'intervista, visto che il tempo a disposizione era limitato.

D: Ha sempre amato la lettura, anche da ragazzo?

R: Io e i miei fratelli e sorelle (io compreso, eravamo in sette) ci divertivamo con Walter Scott e "Le mille e una notte" e conoscevamo bene "Robinson Crusoe". Quando passavamo i mesi estivi nella tenuta di campagna di nostro padre a Darovoye, a due giorni di macchina da Mosca. Ci piaceva far finta di essere su un'isola deserta o di essere dei pellerossa usciti dalle pagine de "Gli ultimi Mohicani"". (8)

D: Lei è stato imprigionato in Siberia e messo ai lavori forzati per quattro anni. Qual è la cosa peggiore che ricorda della sua prigionia?

R: Stare da soli è una necessità dell'esistenza normale, come mangiare o bere; altrimenti in quella vita comunitaria forzata si diventa odiatori del genere umano. La società delle persone agisce come un veleno o un'infezione. Ci sono stati momenti in cui ho odiato tutti coloro che hanno incrociato il mio cammino, sia che fossero incolpevoli o colpevoli, e li ho considerati come ladri che rubavano impunemente la mia vita. (9)

Mi venne in mente che se si volesse ridurre un uomo a nulla - punirlo in modo atroce, così che anche l'assassino più incallito tremerebbe di fronte al castigo - sarebbe solo necessario dare al suo lavoro un carattere di completa inutilità e assurdità. (10)

D: Le venivano dati dei libri per passare il tempo?

R: Ufficialmente mi era permesso leggere solo "La Bibbia", ma negli ultimi mesi un gentile medico dell'ospedale mi fece avere le traduzioni di "The Pickwick Papers" e "David Copperfield". Non appena fui libero, scrissi a mio fratello implorando libri, libri e ancora libri. (11)

D: Sto scrivendo il mio primo romanzo, c'è qualche consiglio che può darmi?

R: Questo è ciò che sapevo per certo quando ho iniziato a scrivere "L'insultato e il ferito", il mio primo romanzo, all'epoca: 1) che anche se il romanzo sarebbe stato un fallimento, ci sarebbe stata della poesia; 2) che ci sarebbero stati due o tre passaggi brucianti e potenti in esso; 3) che i due personaggi più importanti sarebbero stati ritratti in modo veritiero e persino artistico. Tutto ciò era certamente sufficiente per me. Il lavoro che ne risultò fu strano, ma ci sono una cinquantina di pagine di cui sono orgoglioso... (12)

D: Avendo letto "L'insultato e il ferito", posso garantire di persona che c'è molto di più di cui andare fieri. Posso convincerla a leggere un brano di quel libro?

Il signor Dostoevskij si frugò nella tasca della giacca e tirò fuori gli occhiali. Non li portava mai in pubblico, ma solo in privato e mi sentivo privilegiato che si sentisse abbastanza a suo agio da indossarli in mia presenza. (13)

R: Preferirei invece leggervi qualcosa da questo libro:

I DIAVOLI

Là c'era una cascata, molto piccola; cadeva dall'alto delle montagne, come un filo sottile, tutto bianco e spumeggiante. Cadeva da una grande altezza, ma sembrava molto vicina, ed era a mezzo miglio di distanza, ma avresti detto che era solo a cinquanta metri. Mi piaceva ascoltare quel suono di notte e in quei momenti diventavo terribilmente inquieto. A volte, a mezzogiorno, camminavo in montagna e me ne stavo lì, a metà del versante, con i vecchi pini resinosi intorno a me, così alti, e da qualche parte, in alto sulle rupi scoscese, c'era un castello medievale in rovina, lontano, e il piccolo villaggio giaceva in basso, lontano, quasi invisibile, e il sole splendeva, e il cielo era così blu e c'era solo questo terribile silenzio intorno a me. Mi sembrava di sentire un richiamo misterioso, e poi mi veniva in mente che se avessi proseguito dritto e continuato a camminare a lungo, sarei arrivato alla linea di congiunzione tra terra e cielo, e allora avrei trovato la chiave di tutto il mistero e avrei scoperto una nuova forma di vita più ricca e più splendida della nostra. Sognai una grande città come Napoli, piena di palazzi e di tumulti e di vita eccitante, e poi mi venne in mente che la vita può essere goduta altrettanto magnificamente in prigione. (14)

D: I lettori hanno trovato il suo lavoro troppo crudo, troppo realistico?

R: La realtà non si limita a ciò che ci è familiare. Contiene infatti un'enorme porzione di qualcosa sotto forma di Parola futura non detta. Ho una mia visione della realtà e ciò che la maggior parte delle persone chiama fantastico ed eccezionale è per me l'essenza stessa del reale. Il lato comune degli eventi e le opinioni convenzionali su di essi non sono ancora realismo, ma piuttosto il suo opposto. La rappresentazione delle cose è molto più debole delle cose stesse... Il mio punto di vista sulla realtà e sul realismo differisce da quello dei nostri realisti e critici... Il loro realismo è incapace di spiegare una frazione dei fatti reali, effettivi, ma noi tentiamo sempre di profetizzare i fatti. La doppiezza maschera l'altra faccia della verità: tutto questo è già abbastanza grave. Ma se tutte le persone dovessero presentarsi ora come sono realmente, vi dico che sarebbe molto peggio. Mi chiamano psicologo. Non è corretto. Sono un realista nel pieno senso della parola, cioè cerco di ritrarre le profondità dell'anima umana... Come realista cerco l'essere umano nell'uomo. (15)

D: È vero che ha bruciato una bozza quasi finita di Delitto e castigo?".

R: Mi sono seduto sul mio lavoro come un prigioniero. Era un romanzo per il "Messaggero russo". Era un lungo romanzo in sei parti. Verso la fine di novembre del 1865, molto era stato scritto e finito. Bruciai tutto. Non mi piaceva. Una nuova forma, un nuovo progetto mi portò via e ricominciai da capo. Lavorai giorno e notte e comunque lavorai troppo poco. Il romanzo è una cosa poetica, richiede calma mentale e immaginazione. In quel periodo i miei creditori mi tormentavano, minacciando di mandarmi in prigione. (16)

D: È vero che ha quasi perso i diritti d'autore della sua opera?

R: Ho stupidamente venduto tutti i diritti d'autore a un editore approfittatore per far fronte ai miei debiti. Se non avessi scritto un nuovo romanzo entro il 1° novembre 1866, tutte le mie opere, comprese quelle che dovevo ancora scrivere, sarebbero diventate di proprietà di quell'editore. Iniziai "Delitto e castigo" e a novembre lo bruciai. In ventisei giorni scrissi più di 200 pagine, che divennero "Il giocatore d'azzardo", riuscendo a rispettare la scadenza e a pagare i miei debiti. (17)

Discutere di questi argomenti sembrava agitare il signor Dostoevskij, che stava arrotolando una sigaretta dopo l'altra. Si guardò intorno, guardingo come un coniglio, finché Madame Delatour non si avvicinò e gli accese la sigaretta.

Sono convinto che nessuno degli altri nostri scrittori, passati o presenti, morti o vivi, abbia scritto in condizioni simili a quelle in cui ho dovuto scrivere io per tutto il tempo. Alcuni, come Turgenev, sarebbero morti al solo pensiero. Se solo sapessero quanto è deprimente rovinare un'idea che è nata in te, di cui ti sei entusiasmato, di cui sapevi che era buona - ed essere costretto a rovinarla consapevolmente! (18)

Le sue parole accorate mi fecero venire le lacrime agli occhi, presi le sue mani tremanti tra le mie e cominciai a recitargli le sue stesse parole. In realtà, le stesse identiche parole per le quali aveva ricevuto una standing ovation durante il suo discorso davanti alla "Società degli amici della letteratura russa" nell'agosto del 1880. Questo discorso è stato poi registrato nel "Diario di uno scrittore".

Umiliati, uomo orgoglioso! Soprattutto, abbatti la tua superbia! Umiliati, ozioso, e impara a lavorare sulla nostra sacra terra!

La verità è dentro di te, non si trova fuori. Perciò, trovate voi stessi dentro di voi! Non è tuo compito sopraffare gli altri. Sottomettiti! Sii padrone di te stesso! In questo modo, percepirete la verità!

Non è nelle cose, né fuori di te, né in terre lontane che si trova la verità. Essa risiede nella tua stessa ricerca di miglioramento. Se conquisti te stesso, se ti umili, allora sarai libero al di là dei tuoi sogni. Ti dedicherai a un compito degno. Renderai liberi gli altri e troverai la felicità, perché la tua vita sarà appagata e scoprirai finalmente la comprensione del tuo popolo e della sua sacra verità. (19)

I suoi occhi si riempirono di compassione e le lacrime scesero sulle sue guance scavate, mentre la sua immagine cominciava a svanire. Non rimpiangeva di essere tornato sulla terra. Non aveva mai pensato che sarebbe stata una resurrezione così dolorosa.

Mi sentivo in colpa per aver fatto riaffiorare i ricordi nella sua mente. Non era mia intenzione. Il signor Dostoevskij lesse i miei pensieri e mi accarezzò dolcemente il dorso della mano in modo paterno, mentre scompariva dall'aeroporto di Heathrow, ora e per sempre.

Mentre ero seduto, guardando la sua sedia vuota, non potevo fare a meno di ricordare le seguenti parole:

THE MEEK

"Perché è morta?", grida lui, "... O avremmo potuto risolvere tutto... Perché, perché non abbiamo potuto tornare insieme e iniziare una nuova vita? Solo poche parole, due giorni, non di più, e lei avrebbe capito tutto... Quello che fa più male è che tutto questo è un incidente, un incidente semplicemente barbaro, stupido! È questo che fa male. Cinque minuti, solo in ritardo!!!... "Gente, amatevi gli uni gli altri": chi l'ha detto? Chi ha detto che dobbiamo amarci l'un l'altro? Come l'orologio scorre insensibilmente. Sono ormai le due del mattino. Le sue scarpe giacciono accanto al letto come se la stessero aspettando... No, davvero, quando domani la porteranno via, che ne sarà di me?". (20)

Chiusi il libro, presi la valigia e mi persi nella folla. Il mio cuore era pesante e quando finalmente fui sulla via del ritorno a casa, dormii un sonno senza sogni.

Non si può sbagliare quando si legge uno dei romanzi di Fëdor Dostoevskij. Siate pazienti e le ricompense saranno molte!

Povera gente

Il giocatore d'azzardo

L'idiota

Gli insultati e i feriti

I diavoli

I fratelli Karamazov

L'eterno marito

Il mite

Note dal sottosuolo

Delitto e castigo

Il doppio

Una giovinezza cruda

La casa dei morti

Il diario di uno scrittore
Spirito gentile
Il coccodrillo
Il sogno di un uomo ridicolo
Il piccolo orfano
La padrona di casa
La donna straniera
Un albero di Natale e un matrimonio
Un ladro onesto.

Fai svidaniya!
Cathy McGough
Il vostro intervistatore di scrittori leggendari dell'aldilà

KEATS VISITA IL MIO LUOGO DI NASCITA

FU IN UNA GIORNATA di sole all'inizio dell'autunno del 1999, mentre ero seduto sulle rive del fiume Avon, nella mia città natale di Stratford (Ontario, Canada), che un ospite inatteso fece la sua comparsa.

Avevo steso una coperta sull'erba appena tagliata e il profumo si diffondeva leggermente attraverso la coperta. Gli splendidi cigni si muovevano verso di me facendo sentire la loro voce nella speranza di una crosta di pane.

Le ghiandaie azzurre e i pettirossi cinguettavano e l'ambiente era perfetto per una poesia di John Keats:

ALL'AUTUNNO
Stagione di nebbie e di mite fecondità,
amico intimo del sole che matura;
Con lui cospira per caricare e benedire

di frutti le viti che corrono intorno alle grondaie di paglia;

Per piegare con le mele gli alberi della casa ricoperti di muschio,

e riempire tutti i frutti di frutta matura fino al torsolo;

gonfiare le zucche e rimpolpare i gusci di nocciolo

con un dolce nocciolo; per far germogliare altri fiori,

e ancora più fiori per le api,

finché non penseranno che i giorni caldi non finiranno mai,

perché l'estate ha riempito le loro celle umide.

Chi non ha visto spesso il tuo magazzino?

A volte chi cerca all'estero può trovarti

te seduto con noncuranza sul pavimento di un granaio,

i tuoi capelli sollevati dal vento della mietitura;

O su un solco semipieno, addormentato,

addormentato dal fumo dei papaveri, mentre il tuo uncino

risparmia l'andana successiva e tutti i suoi fiori intrecciati:

E qualche volta come una spigolatrice tieni

il tuo capo carico attraverso un ruscello;

o presso una pressa per sidro, con sguardo paziente,

osservi le ultime trasudazioni, ora dopo ora.

Dove sono i canti della primavera? Sì, dove sono?

Non pensare a loro, anche tu hai la tua musica -.

Mentre le nuvole sbarrate sbocciano il tenue giorno morente,

e toccano le pianure di stoppie con una tonalità rosea;

Poi in un coro lamentoso i piccoli moscerini piangono

Tra gli stalloni dei fiumi, portati in alto

o affondano quando il vento leggero vive o muore;

E gli agnelli adulti belano dalle colline,

i grilli delle siepi cantano; e ora, con un suono dolce e acuto

Il pettirosso fischia da un cespuglio di giardino,

E le rondini che si radunano cinguettano nei cieli. (1)

Mi svegliai di soprassalto, causato dal rombo del motore di una Trans Am dal suono gutturale, e mi guardai intorno con ansia, perché aspettavo Madame Delatour. All'inizio non riuscii a vederla, poi sentii dei passi sul ponte dell'isola e notai che stava conducendo John Keats verso di me.

John Keats nacque prematuramente il 29 o il 31 ottobre 1795, in una stalla all'insegna del Swan and Hoop, a Finsbury Pavement, di fronte all'allora spazio aperto di Lower Moorfield. (2) Non era destinato a rimanere a lungo in questo mondo e morì alla tenera età di 25 anni, il 23 febbraio 1821.

Camminava lentamente verso di me, mentre i suoi stivali emettevano un suono sferragliante,

sferragliante, sferragliante quando baciavano il ponte di legno.

John Keats indossava un abito scuro, con molti bottoni d'argento sul davanti e lungo i polsini. All'interno aveva una camicia bianca con cravatta abbinata. Le caratteristiche che lo contraddistinguevano erano i capelli rossi e ricci e gli occhi azzurri da sogno. Si guardava intorno da una parte all'altra come un bambino in un negozio di caramelle.

Mi prese la mano e mi chiese quale luogo incantato fosse stato invitato a visitare. In particolare, era interessato al grande edificio a forma di atrio di vetro, che era incorniciato dalla bellezza alle nostre spalle.

Gli spiegai che l'edificio era il "Festival di Stratford", un'idea concepita da Tom Patterson negli anni Cinquanta e dedicata alla rappresentazione dal vivo di opere teatrali, in particolare di William Shakespeare.

Non mi dispero mai quando leggo Shakespeare - anzi, credo che non leggerò mai nessun altro libro. Ora questo potrebbe portarmi a una lunga confessione, ma desisto. Sono quasi d'accordo con Hazlitt che Shakespeare è sufficiente per noi. (3)

D: Qualcuno una volta ha detto: "La varietà è il pepe della vita" - Shakespeare sì, ma anche un po' di Keats è necessario. Le dispiacerebbe condividere il suo primo ricordo d'infanzia?

R: Innanzitutto, vi prego di chiamarmi John e vi ringrazio per le vostre gentili parole. Anche se non ricordo perché lo feci, ricordo di aver afferrato una spada e di essermi affacciato alla porta della camera da letto di mia madre annunciando: "Nessuno deve entrare o uscire da questa casa!". All'epoca avevo solo 5 anni e credo che avessimo compagnia. Vivevo la vita con tutto il mio essere e "potevo sentire la gioia e il dolore con le mie mani". (4)

D: C'è un momento che ricorda - quando ha deciso che la vita del poeta era per lei?

R: I miei cari genitori morirono entrambi prima che compissi 15 anni, e i miei anni con loro, che paragonavo affettuosamente alla lettura di un racconto sempre diverso, si interruppero. Il mio tutore mi affidò a un chirurgo di Edmonton (vicino a Londra). Scrissi ai miei amici chiedendo disperatamente una copia della "Regina delle fate" di Spenser e lessi le scene come un giovane puledro che si libera in un prato di primavera. Fu allora che presi per la prima volta la febbre del poeta. (5)

D: Aveva una routine regolare per scrivere?

R: Leggevo e scrivevo circa otto ore al giorno. C'è un vecchio detto che dice: "Chi ben comincia è a metà dell'opera", ma è un brutto detto. Io userei invece "Non iniziato se non a metà"; quindi, secondo questo detto, non ho iniziato il mio poema e di conseguenza (a priori) non posso dire nulla al riguardo. Grazie a Dio! (6)

D: Credeva che un giorno sarebbe stato considerato un grande poeta?

R: Non c'è peccato più grave, dopo i sette mortali, che lusingarsi di essere un grande poeta - o uno di quegli esseri che hanno il privilegio di consumare la propria vita alla ricerca dell'onore - quanto è comoda la sensazione che un tale crimine debba portare con sé la sua pesante pena? Che se uno è un auto-delinquente il conto sarà in pareggio? (7)

D: Che ruolo ha avuto l'immaginazione nella sua scrittura?

R: Non sono certo di nulla, se non della santità degli affetti del cuore e della verità dell'immaginazione. Ciò che l'immaginazione coglie come bellezza deve essere verità - che sia esistita prima o meno, - perché ho la stessa idea di tutte le nostre passioni come dell'amore: sono tutte, nel loro sublime, creative della bellezza essenziale. In una parola, potete conoscere le mie speculazioni preferite dal mio primo libro e dalla canzoncina che invio nell'ultimo, che è una rappresentazione dell'immaginazione del probabile modo di operare in queste materie. L'immaginazione può essere paragonata al sogno di Adamo: si svegliò e trovò la verità. Sono più zelante in questa faccenda perché non sono mai riuscito a capire come si possa conoscere la verità di qualcosa con un ragionamento consecutivo, eppure deve essere così. La semplice mente immaginativa può avere la sua ricompensa nella ripetizione del proprio lavoro silenzioso che arriva continuamente allo spirito con una bella rapidità. (8)

D: Crede che la felicità terrena sia raggiungibile?

R: Non ricordo quasi mai di aver contato su una felicità - la cerco se non è nell'ora presente, - niente mi spaventa oltre il momento. Il sole che tramonta mi mette sempre a posto, o se un passero arriva davanti alla mia finestra, partecipo alla sua esistenza e raccolgo la ghiaia. La prima cosa che mi colpisce quando sento che una disgrazia è capitata a un altro è questa: "Beh, non si può evitare: avrà il piacere di mettere alla prova le risorse del suo spirito" (9).

D: Rimpiange di non essersi mai sposato?

R: Speravo di non sposarmi mai. Anche se le più belle creature mi aspettassero alla fine di un viaggio o di una passeggiata; anche se il tappeto fosse di seta, le tende delle nuvole del mattino; le sedie e il divano imbottiti di piuma di cigno; il cibo Manna, il vino oltre il chiaretto, la finestra aperta su Winander Mere, non mi sentirei - o meglio la mia felicità non sarebbe così bella, come la mia solitudine è sublime.

Allora, al posto di ciò che ho descritto, c'è una sublimità che mi dà il benvenuto a casa: il rombo del vento è mia moglie e le stelle attraverso il vetro della finestra sono i miei figli. L'idea astratta e potente che ho della Bellezza in tutte le cose soffoca la felicità domestica, più divisa e minuta - una moglie amabile e dei dolci bambini li contemplo come parte di quella Bellezza, ma devo avere migliaia di quelle belle particelle per riempire il mio cuore.

Sentivo ogni giorno di più, man mano che la mia immaginazione si rafforzava, che non vivevo nel mondo da solo, ma in mille mondi - non appena fui solo, forme di epica grandezza si disposero intorno a me, e servirono il mio Spirito come una guardia del corpo di un Re - poi "la tragedia con lo scettro passò". A seconda del mio stato d'animo ero con Achille che gridava nelle trincee o con Teocrito nelle valli della Sicilia. Oppure gettavo tutto il mio essere in Troilo e, ripetendo quei versi: "Vago come un'anima perduta sulle rive dello Stige in cerca di un'onda", mi scioglievo nell'aria con una voluttà così delicata che mi accontentavo di essere solo. Queste cose, unite all'opinione che ho della maggior parte delle donne - che mi appaiono come bambini ai quali preferirei dare una pasticca di zucchero piuttosto che il mio tempo - formano una barriera contro il matrimonio di cui mi rallegro. (10)

D: Una caramella! Forse è un bene che tu non ti sia mai sposato. Crede che sia necessario vivere qualcosa in prima persona per poterne scrivere?

R: Niente diventa reale finché non lo si sperimenta - anche un proverbio non è un proverbio finché la vita non lo ha illustrato. Ho paragonato la vita umana a una grande villa con molti appartamenti, due dei quali posso solo descrivere, poiché le porte degli altri sono ancora chiuse per me. Il primo in cui entriamo lo chiamiamo Camera dell'Infanzia, o Camera senza pensieri, in cui rimaniamo se non pensiamo.

Rimaniamo lì a lungo e, nonostante le porte della seconda camera rimangano aperte e mostrino un aspetto luminoso, non ci preoccupiamo di affrettarci a raggiungerla; ma alla fine siamo impercettibilmente spinti dal risveglio del principio pensante dentro di noi - non appena entriamo nella seconda camera, che chiamerò la Camera del Pensiero della Fanciulla, ci inebrieremo della luce e dell'atmosfera, non vedremo altro che piacevoli meraviglie e penseremo di indugiare lì per sempre con piacere.

Tuttavia, tra gli effetti di questa respirazione c'è quello tremendo di acuire la visione del cuore e della natura dell'uomo - di convincere i nervi che il mondo è pieno di miseria e di strazio, di dolore, di malattia e di oppressione - per cui questa Camera del Pensiero Fanciullo si oscura gradualmente e, allo stesso tempo, su tutti i lati di essa si aprono molte porte, ma tutte buie, che conducono a passaggi oscuri. Non vediamo l'equilibrio tra il bene e il male; siamo nella nebbia, siamo ora in quello stato, sentiamo il "fardello del mistero". Ora, se viviamo e continuiamo a pensare, esploreremo tutti i passaggi. (11)

D: Le interessava quello che gli altri pensavano di lei?

R: Alcuni mi consideravano mediocre, altri sciocco, altri ancora sciocco - tutti pensavano di vedere il mio lato debole contro la mia volontà, mentre in realtà è con la mia volontà -. Mi accontentavo di essere considerato così perché ho nel mio petto una così grande risorsa.

Questa era una grande ragione per cui piacevo tanto: perché potevano mostrarsi tutti in una stanza ed eclissare con un certo tatto chi era ritenuto un buon poeta.

Speravo di non essere qui a fare scherzi "per far piangere gli angeli". Non pensavo: perché non avevo il minimo disprezzo per la mia specie, e anche se può sembrare paradossale, le mie più grandi elevazioni d'animo mi lasciavano ogni volta più umiliato - Basta con questo - anche se nel vostro amore per me non lo penserete abbastanza. (12)

D: Ha ragione; mi piace ascoltarla e vorrei che avessimo più tempo. Può descriverci come vedeva il mondo?

R: Odiavo il mondo: batteva troppo le ali della mia volontà egoistica, e avrei voluto prendere un dolce veleno dalle tue labbra per mandarmi via da esso. Da nessun altro l'avrei preso. (13)

Fui colta di sorpresa dalla sua affermazione e arrossii furiosamente.

D: In venticinque anni, lei ha ottenuto più di quanto molti scrittori facciano nella loro vita. L'immortalità è stata la sua forza trainante?

R: Non ho lasciato opere immortali dietro di me - niente che renda i miei amici orgogliosi della mia memoria - ma ho amato il principio della bellezza in tutte le cose e, se avessi avuto tempo, mi sarei fatto ricordare. (14)

D: Che consiglio ha per i poeti del futuro?

R: In primo luogo, penso che la poesia debba sorprendere per un bell'eccesso, e non per la singolarità; deve colpire il lettore come una formulazione dei suoi pensieri più elevati e apparire quasi un ricordo.

In secondo luogo, i suoi tocchi di bellezza non dovrebbero mai essere a metà, rendendo così il lettore senza fiato, invece che contento. Il sorgere, il progredire, il tramontare dell'immaginazione dovrebbero, come il sole, venirgli incontro in modo naturale, risplendere su di lui e tramontare sobriamente, pur nella magnificenza, lasciandolo nel lusso del crepuscolo.

Ma è più facile pensare a cosa dovrebbe essere la poesia che scriverla. E questo mi porta a un altro punto.

In terzo luogo, se la poesia non viene con la stessa naturalezza delle foglie di un albero, è meglio che non venga affatto. (15)

D: John, lei è uno dei poeti più venerati di tutti i tempi, onorato nell'Abbazia di Westminster nel Poet's Corner e le scuole di tutto il mondo studiano la sua poesia ogni anno. Ritiene che il suo successo sia dipeso più dalle circostanze?

R: Le circostanze sono come nuvole che si accumulano e scoppiano continuamente - mentre ridiamo il seme di qualche problema viene messo nell'ampia terra coltivabile degli eventi - mentre ridiamo germoglia, cresce e improvvisamente porta un frutto velenoso, che dobbiamo cogliere. (16)

D: Qual è la sua definizione di poeta?

R: Il poeta è la cosa più antipoetica che esista, perché non ha identità, è continuamente in cerca di un altro corpo e lo riempie. Il sole, la luna, il mare, gli uomini e le donne che sono creature d'impulso sono poetici e hanno un attributo immutabile, mentre il poeta non ne ha, non ha identità, è certamente la più antipoetica delle creature di Dio. (17)

D: Sono un poeta e la mia Musa mi ha abbandonato. C'è qualche consiglio che può darmi per tornare a scrivere?

R: Non si lasci scoraggiare da un fallimento. Può essere un'esperienza positiva. L'insuccesso è, in un certo senso, la strada per il successo, in quanto ogni scoperta di ciò che è falso ci porta a cercare seriamente ciò che è vero, e ogni nuova esperienza ci indica qualche forma di errore, che in seguito eviteremo con cura.

La poesia deve piacere per un bell'eccesso e non per la singolarità. Deve colpire il lettore come una formulazione dei suoi pensieri più elevati e apparire quasi come un ricordo. (18)

D: Il suo amico Lord Byron ha detto che la recensione su "The Quarterly" potrebbe averla portata a una morte prematura, è vero?

R: Non mi ha fatto il minimo male in società, facendomi apparire piccolo e ridicolo: so quando un uomo è superiore a me e gli porto il dovuto rispetto - sarebbe l'ultimo a ridere di me e, per quanto riguarda gli altri, sentivo di aver fatto un'impressione su di loro che mi assicurava il rispetto personale mentre ero in vista, qualunque cosa avessero detto quando mi avevano voltato le spalle.

L'unica cosa che può colpirmi personalmente per più di un breve giorno di passaggio è qualsiasi dubbio sulle mie capacità poetiche - ne ho raramente, e guardo con speranza al momento prossimo in cui non ne avrò più. Sono felice quanto un uomo può esserlo. (19)

D: Potrebbe leggere una delle sue poesie?

R: Mi lasci pensare. Sì, conosco quella giusta:

LE STAGIONI UMANE

Quattro stagioni riempiono la misura dell'anno;

Ci sono quattro stagioni nella mente dell'uomo;

Ha la sua lussuriosa primavera, quando la fantasia è chiara

Quando la fantasia è limpida e coglie tutte le bellezze con facilità:

Ha la sua estate, quando lussuosamente

Il miele della primavera e il pensiero giovanile gli piace

di ruminare, e con questo sognare alto

è più vicino al cielo: baie tranquille

La sua anima ha il suo autunno, quando le sue ali

si chiudono; si accontenta così di guardare
di guardare le nebbie in ozio - di lasciare che le cose belle
passino inosservate come un ruscello di soglia.
Anche lui ha il suo inverno, di pallida malavoglia,
altrimenti rinuncerebbe alla sua natura mortale.
(20)

Mentre John leggeva, un gruppo di ragazze vestite in uniforme scolastica cominciò a radunarsi intorno a lui. Quando finì, applaudirono, ridacchiarono e sussurrarono, mentre la più audace del gruppo si fece avanti e gli chiese un autografo.

John fu colto di sorpresa da tutta l'attenzione, ma allo stesso tempo incredibilmente soddisfatto. Chiese a tutte le ragazze il loro nome e firmò per loro.

Le ragazze hanno bisbigliato tra di loro e ci hanno salutato per andare avanti. Non avevano fatto molta strada, quando notai che John stava iniziando a scomparire. Ebbi a malapena l'opportunità di salutarlo prima che sparisse.

Mentre si allontanavano, sentii una delle ragazze leggere il suo nome ad alta voce e dire:

"John Keats? Mi chiedo in quale opera teatrale sia. È proprio carino!".

Mi arrotolai la coperta e mi allontanai dal fiume Avon, sperando che un giorno quelle ragazze leggessero e scoprissero le opere di John Keats. Avevo la sensazione che l'autografo che avrebbero ricevuto sarebbe stato "Scritto nell'acqua", come le parole riportate sulla sua lapide.

Vi lascio ora con le seguenti parole:

"Bardi della passione e dell'allegria, che avete lasciato le vostre anime sulla terra. Avete anime anche in cielo, doppiamente vissute in regioni nuove". (21)

Scoprite di più su John Keats leggendo la stimolante raccolta che ci ha lasciato. Vi invito a cercare i seguenti:

La vigilia di Sant'Agnese

La vigilia di San Marco

Iperione

Endimione

Lamia

Sonno e poesia

All'usignolo

Su un'urna greca

A Psiche

Sulla malinconia

Bardi della passione e dell'allegria

Quando ho paura

Quando si guarda per la prima volta all'Omero di Chapman

La cicala e il grillo

Vedendo una ciocca di capelli di Milton

Le stagioni umane

A Byron

Dov'è il poeta.

Wes du hal!
Cathy McGough
Il vostro intervistatore di scrittori leggendari dell'aldilà

Wes du hal!
Cathy McGough
Il vostro intervistatore di scrittori leggendari dell'aldilà

RICORDI DI HENRY WADSWORTH LONGFELLOW

È L'IMBRUNIRE E MOLTO presto arriverà il nostro ospite. Questa sera Madame Delatour contatterà Henry Wadsworth Longfellow, che è stato proclamato il miglior poeta americano di tutti i tempi.

Lo contatteremo di sera, in modo da poter godere insieme di uno dei nostri passatempi preferiti: camminare. Con un po' di fortuna, il sentiero sarà relativamente sgombro da corridori, ciclisti e simili, così che il signor Longfellow e io potremo camminare in pace.

Henry Wadsworth Longfellow è nato il 27 febbraio 1807 a Portland, nell'Oregon. Il signor Longfellow era un poeta che ha vissuto la sua vita all'insegna delle parole "la penna è più potente della spada". Non si sottrasse mai al conflitto e lottò sempre per i diritti dei suoi concittadini. In sostanza, la sua anima ha nutrito la natura selvaggia dell'America. (1)

La signora Delatour era impegnata a contattare il signor Longfellow e nel frattempo lessi ad alta voce una poesia senza titolo che avevo scoperto di recente in un libro intitolato "Borrowings". Le sue copertine di pelle scamosciata si sono rovinate con il tempo, e a ragione, visto che la data di pubblicazione era il 1899. Sebbene non fosse in perfette condizioni, capii immediatamente che era stato maltrattato e logorato dall'amore. All'interno c'erano molti ritagli di giornale di poesie.

Tra i suoi tesori il libro conteneva questa gemma senza titolo, attribuita a Longfellow:

Come una madre stanca quando il giorno è finito,
conduce per mano il suo bambino a letto,
mezzo volenteroso, mezzo riluttante ad essere condotto,
e lascia i suoi giocattoli rotti sul pavimento,
e li guarda ancora attraverso la porta aperta,
né del tutto rassicurato e confortato
dalle promesse di altri al loro posto,
che, anche se più splendidi, non possono piacergli di più.
Così la natura si comporta con noi e ci toglie
i nostri giocattoli uno per uno e ci porta per mano

ci porta a riposare così dolcemente che noi andiamo
senza sapere se vogliamo andare o restare,
siamo troppo pieni di sonno per capire
quanto l'ignoto trascenda ciò che conosciamo. (2)

Chiusi delicatamente il libro, facendo attenzione che tutti i suoi elementi rimanessero all'interno, quando notai Henry Wadsworth Longfellow che camminava verso di me sul sentiero.

Era di media statura, con una testa e un viso eminentemente poetici. Il grande fascino del suo volto si concentrava negli occhi di un azzurro incontaminato, profondamente incastonati, sotto le sopracciglia sporgenti, che racchiudevano un'indescrivibile espressione di pensiero e di tenerezza. Sebbene costellato da molte rughe, il suo viso aveva una tonalità rosea di salute e i suoi capelli erano bianchi come la neve. Il suo modo di fare aveva la semplicità di un bambino, ma era di una dignità inespugnabile. (3)

Si presentò e mi tese la mano. Rimasi imbarazzato dal suo modo di fare tranquillo e umile e mi sembrò subito un vecchio amico, di ritorno da un lungo viaggio. Camminammo a braccetto, mentre guardavo i suoi occhi azzurri e iniziavo la nostra intervista.

D: Da bambino amava leggere. Quali sono i libri che più hanno colpito la sua giovane mente?

R: Da bambino sono stato molto fortunato ad avere una biblioteca piena di libri per intrattenermi. Mio padre se ne occupava, anche se non voleva che diventassi uno scrittore. Gli scrittori che adoravo erano Shakespeare, Milton e Pope, Dryden e Goldsmith, solo per citarne alcuni. Ho amato "Le mille e una notte" e "Don Chisciotte"... ma il primo libro che ha affascinato la mia immaginazione è stato il "Libro degli schizzi" di Washington Irving. Lo lessi con "crescente meraviglia e piacere, incantato dal suo piacevole umorismo, dalla sua malinconica tenerezza, dalla sua atmosfera di fantasticheria, persino dalle sue copertine grigio-marroni, dalle lettere sfumate dei suoi titoli e dai caratteri chiari e leggeri, che sembravano un simbolo esteriore del suo stile". (4)

D: Suo padre non voleva che lei diventasse uno scrittore?

R: Quando ero all'università, decisi di intraprendere la carriera letteraria. Al Bowdoin College mio padre mi inviò una lettera in cui mi metteva in guardia da questo tipo di carriera, osservando che in America non c'era abbastanza ricchezza per permettere a un letterato di vivere. Mio padre era un uomo accorto. Iniziò la lettera con un avvertimento pratico e la concluse con una critica poetica:

"Osservo alcune poesie nella U.S. Literary Gazette", scrisse, "che, dalla firma, presumo provengano dalla tua penna. È una produzione molto bella e l'ho letta con piacere. Ma noterà che il secondo verso della sesta strofa ha troppi piedi". (5)

D: Chi l'ha ispirata a diventare uno scrittore?

R: Mio nonno, il generale Wadsworth, con cui a volte trascorrevo le vacanze estive nella sua fattoria, scriveva versi satirici. Era un ottimo narratore e aveva una grande quantità di ricordi personali dei suoi giorni ad Harvard e nell'esercito, della sua cattura da parte degli inglesi e della sua fuga da Fort George a Castine. Tutte queste cose ebbero il loro effetto sulla mia mente impressionabile. (6)

D: È sempre stato appassionato di escursionismo?

R: Sì, è sempre stato il mio esercizio principale. Quando la neve era alta, tagliavo la legna e lo trovavo piuttosto fastidioso. Come espediente, una volta scrissi a mio padre: "Ho tracciato sull'anta del mio armadio un'immagine della mia taglia; ogni volta che sento il bisogno di fare esercizio mi tolgo il cappotto e, considerando questa immagine come in una posizione di difesa, faccio i miei movimenti come in un vero combattimento. È un divertimento di gran classe e sono già diventato abbastanza abile come pugile". (7)

D: Le dispiacerebbe leggere una delle sue poesie?

R: Ne sarei onorato:

I COSTRUTTORI

Tutti sono architetti del destino,
che lavorano in queste mura del Tempo;
Alcuni con azioni massicce e grandiose,
Alcuni con ornamenti di rima.

Nulla è inutile o basso;
Ogni cosa al suo posto è la migliore;
E ciò che sembra solo un'inutile esibizione
rafforza e sostiene il resto.
Per la struttura che innalziamo,
il tempo è pieno di materiali;
Il nostro oggi e il nostro ieri
sono i blocchi con cui costruiamo
Diamo veramente forma e forma a queste cose;
Non lasciare spazi vuoti tra di loro;
Non pensare, perché nessuno vede,
Queste cose rimarranno invisibili.
Nei tempi antichi dell'arte,
i costruttori lavoravano con la massima cura
Ogni parte minuscola e invisibile;
perché gli dei vedono dappertutto.
Facciamo anche noi il nostro lavoro,
sia quello invisibile che quello visibile;
Rendiamo la casa, dove gli Dei possono abitare,
bella, integra e pulita.
Altrimenti la nostra vita è incompleta,
in queste mura del tempo,
Scale rotte, dove i piedi
inciampano nel tentativo di salire.
Costruite oggi, allora, forti e sicuri,
con una base solida e ampia;
e salendo e con sicurezza
Domani troverà il suo posto.
Solo così possiamo raggiungere

a quelle torri, dove l'occhio
vede il mondo come una vasta pianura
e uno sconfinato raggio di cielo. (8)

D: Lei ha raccolto una straordinaria collezione di cimeli e li ha esposti nella sua casa. Mi parli di loro.

R: Erano nel mio studio, dove la quiete era rotta solo dai rintocchi del vecchio orologio nell'angolo. Al centro della stanza c'era un tavolo pieno di libri e di fogli, in un'atmosfera di ordinato disordine che, ne sono certo, ogni scrittore del suo tempo può riconoscere.

Sullo stesso tavolo, un tesoro, c'era il calamaio di Samuel Taylor Coleridge con un primo volume delle sue poesie annotate con la sua stessa calligrafia, scarna come dovrebbe essere quella di un genio.

Tra le immagini presenti nella stanza, c'erano le sembianze a pastello di Emerson, Sumner e Hawthorne, tutte scattate quando questi uomini famosi erano nel pieno della loro giovinezza.

Potremmo passare tutta la giornata a discutere delle cose esposte nel mio studio. Un solo armadietto conteneva un pezzo della bara di Dante, un cilindro di alcuni brillanti coleotteri africani, due canne (una ricavata dal pezzo di ricambio della nave su cui fu scritta "The Star Spangled Banner" e l'altra da "Acadie" e sormontata da un'orribile testa che era la mia idea di "Evangeline"). (9)

D: È vero che un altro scrittore ha rinunciato alla possibilità di scrivere su "Evangeline"?

R: Sì, in effetti un rettore di una chiesa di South Boston aveva cercato di convincere Nathaniel Hawthorne a utilizzare la storia. Durante una cena con loro due dissi al signor Hawthorne: "Se davvero non volete questo episodio per un racconto, allora lasciatemelo per una poesia". Terminai "Evangeline" nel 1847. (10)

D: Ci deve essere anche una storia affascinante che riguarda "La ballata della goletta Hesperus"?

R: Il 17 dicembre 1839 ero afflitto da mal di denti e dispepsia. Ricordo di aver scritto a mio padre: "Notizie di naufragi orribili sulla costa. Venti corpi sono stati portati a riva, vicino a Gloucester, uno legato a un pezzo del relitto. C'è una scogliera chiamata Norman's Woe dove sono avvenuti molti di questi naufragi; tra gli altri la goletta Hesperus... Devo scrivere una ballata su questo".

Quasi quindici giorni dopo ripresi la penna e scrissi a mio padre: "Ieri sera sono stato seduto fino alle dodici accanto al fuoco a fumare, quando all'improvviso mi è venuto in mente di scrivere la Ballata della goletta Hesperus, cosa che ho fatto. Poi sono andato a letto, ma non sono riuscito a dormire. Nuovi pensieri mi frullavano in testa e mi alzai per aggiungerli alla ballata. Erano le tre del pomeriggio. Poi sono andato a letto e mi sono addormentato. Sono soddisfatto della ballata. Non mi è costata quasi alcuno sforzo. Non mi è venuta in mente per versi, ma per strofe". (11)

D: Posso unirmi a lei nella recita della sua poesia "La freccia e la canzone" mentre attraversiamo il ponte?

R: Scelta perfetta, amico mio, scelta perfetta!

LA FRECCIA E LA CANZONE
Ho scoccato una freccia in aria,
cadde sulla terra, non sapevo dove
Perché, così velocemente volò, la vista
non poteva seguirla nel suo volo
Ho lanciato una canzone nell'aria,
è caduto sulla terra, non sapevo dove
Perché chi ha una vista così acuta e forte
da seguire il volo del canto?
Molto, molto tempo dopo, in una quercia
Trovai la freccia, ancora intatta
E la canzone, dall'inizio alla fine,
l'ho ritrovata nel cuore di un amico. (12)

D: Ha qualche consiglio da dare agli scrittori nel 2003 e oltre?

R: Nel 1850 scrissi: "Se voglio fare qualcosa in letteratura, devo farlo ora. Pochi uomini hanno scritto buone poesie dopo i cinquant'anni. Credevo che fosse un consiglio vero e valido, finché nel 1851 fu pubblicata "La leggenda d'oro". Ne stamparono 3500 copie, che andarono subito esaurite. Avevo 56 anni. Sembra che i pensieri, come i bambini, abbiano i loro periodi di gestazione e poi nascano, che lo si voglia o no. È un'osservazione che ho fatto dopo aver terminato "Il mietitore e i fiori". (13)

D: Signor Longfellow, mi è piaciuto camminare con lei. Tuttavia, temo che sia il nostro tempo che questo giorno stiano per finire. Le dispiacerebbe recitare una poesia appropriata per noi? Forse una che chiuda il sipario su questo tempo che abbiamo condiviso?

R: Ah sì:

IL GIORNO È FINITO
Il giorno è finito, e l'oscurità
cade dalle ali della notte,
come una piuma che viene portata giù
da un'aquila nel suo volo
Vedo le luci del villaggio
brillare attraverso la pioggia e la nebbia,
e un sentimento di tristezza mi assale
a cui la mia anima non può resistere
Un sentimento di tristezza e di nostalgia,
che non è simile al dolore,
e assomiglia solo al dolore
Come la nebbia assomiglia alla pioggia
Vieni, leggimi una poesia,
qualche semplice e sentito testo,
che possa placare questo sentimento inquieto,
e scacciare i pensieri del giorno
Non dai grandi maestri antichi,
Non dai bardi sublimi,

le cui orme lontane riecheggiano
attraverso i corridoi del tempo
come ceppi di musica marziale,
i loro potenti pensieri suggeriscono
La fatica e l'impegno senza fine della vita
E stasera desidero riposare
Leggere da qualche poeta più umile,
le cui canzoni sgorgavano dal suo cuore,
come pioggia dalle nuvole d'estate,
o come lacrime dalle palpebre
che, attraverso lunghi giorni di lavoro
e notti senza riposo,
sentiva ancora nella sua anima la musica
di meravigliose melodie
Tali canzoni hanno il potere di placare
il battito irrequieto delle preoccupazioni,
e arrivano come la benedizione
che segue la preghiera.
Poi leggi dal prezioso volume
La poesia di tua scelta
E presta alla rima del poeta
la bellezza della tua voce
e la notte si riempirà di musica,
e le preoccupazioni che infestano il giorno
ripiegheranno le loro tende come gli arabi,
e come silenziosamente se ne andranno. (14)

Mr. Longfellow rimase, indugiando, allontanandosi dolcemente dalla mia vista tenendo la mia mano nella sua. I nostri spiriti si separarono e nessun altro tributo potrebbe essere più appropriato di quello che l'onorevole J. D. Long scrisse alla morte di Mr. Longfellow:

"È un povero luogo comune dire che Longfellow è il poeta del popolo, perché nessun poeta è un grande o un vero poeta che non sia tale. Le vite dei grandi uomini ci ricordano non tanto che possiamo rendere le nostre vite sublimi, quanto che le nostre vite SONO sublimi, se solo non le ingombriamo o le sviliamo.

Non è mettendo in melodia qualcosa che è al di là e al di sopra di voi e di me, non è respirando una musica così squisita che non trema mai nelle nostre fantasie e preghiere, che il poeta si eleva all'eccellenza; ma dando voce agli affetti, alle finalità più sottili, alla nobiltà che sono nella grande natura comune - nel marinaio sulle sartie, nella fanciulla legata all'albero galleggiante, nella madre che depone il suo bambino, nello scolaro che svolge il suo compito o che gioca, o che conta le scintille che volano dalla fucina del fabbro, nell'uomo che lavora o che si riposa, assalito da banditi con gli occhi azzurri dalle scale e dalla sala.

Così, il poeta ci insegna non la nostra disparità da lui, ma il nostro livello con lui, non la nostra meschinità, ma la nostra altezzosità. La musica che ha scritto giace tutta non scritta in noi. Cantiamola nella nostra vita, che possiamo, come lui l'ha cantata dalla sua penna, che non possiamo". (15)

Vi consigliamo di leggere tutte le sue opere, ma ecco un elenco di alcune delle mie preferite per iniziare.

Evangeline
Hiawatha
Il naufragio dell'Hesperus
Un salmo della vita
Excelsior
Inno alla notte
La mia giovinezza perduta
Il sogno dello schiavo
La luce delle stelle
Passi di angeli
Lo spirito della poesia
Il calice della vita.

Per ora arrivederci!
Cathy McGough
Il vostro intervistatore di scrittori leggendari dell'aldilà

RITORNA "IL BANJO" PATERSON

PER CELEBRARE L'AUSTRALIA DAY 2002 (26 gennaio) abbiamo deciso di contattare A. B. "Banjo" Paterson. Il signor Paterson è nato il 17 febbraio 1864 a Narambla, nel Nuovo Galles del Sud.

Mentre Madame Delatour si preparava a contattare il signor Paterson, ho colto l'occasione per leggere la sua opera più famosa, "Waltzing Matilda", scritta nel 1895 nel Queensland. Per comodità di lettura, ho inserito degli asterischi per le parole il cui significato potrebbe essere dubbio. Troverete le definizioni appena sotto la ballata.

VALZER MATILDA

Oh, c'era una volta un *swagman accampato nei *billabong,

sotto l'ombra di un albero *Coolabah

E cantava guardando il vecchio *billy che bolliva,

"Chi viene a ballare il valzer di Matilda con me?".

CORO

Chi verrà a ballare il valzer di Matilda, mia cara?

Chi verrà a ballare il valzer di Matilda con me?

A ballare il valzer di Matilda e a portare una sacca d'acqua,

Chi viene a ballare il valzer di Matilda con me?

Salì il *jumbuck per bere alla pozza d'acqua,

Il guardiano del cavallo saltò su e lo afferrò in allegria.

E cantò mentre lo metteva nella sua sacca,

"Verrai a ballare il valzer di Matilda con me".

Ripetere CORO

Arrivò lo *squatter a cavallo del suo purosangue;

Arrivarono i poliziotti, uno, due e tre.

"Di chi è il jumbuck che hai nella borsa?

Verrai a ballare il valzer di Matilda con noi".

Ripetere CORO

L'uomo dei carri si alzò di scatto e saltò nella pozza d'acqua,

annegando vicino all'albero di Coolabah;

E la sua voce può essere ascoltata mentre canta nei billabong,

"Chi viene a ballare il valzer di Matilda con me?". (1)

Ripetere CORO

*Swagman = Simile a un Hobo - Un uomo che attraversava l'outback a piedi facendo lavori saltuari in cambio di cibo o denaro. Perché "Swagman"? Il nome è dovuto al suo "Swag Roll", simile a uno zaino che portava sulle spalle e nel quale trasportava tutti i suoi averi.

*Billabong = pozza d'acqua.

*Coolabah = Eucalipto nativo (Eucalyptus micro theca).

*Billy = bollitore

*Jumbuck = Pecora malata (aborigeno "salta su").

*Squatter = Persona che occupa illegalmente la proprietà di un'altra persona.

proprietà altrui *Tuckerbag = Come una borsa per il pranzo.

Madame Delatour mi avvisò che il signor Paterson sarebbe arrivato di lì a poco e senza ulteriori indugi eccolo lì.

Aveva capelli corti e neri, divisi lateralmente, e occhi scuri e amichevoli. Indossava un abito blu navy, una camicia bianca con il colletto alto, una cravatta blu e un cappello di pelle, che rovesciò per salutarmi. (2)

Inspirò l'odore degli alberi di gomma che circondano il nostro balcone e si chinò in avanti osservando il sentiero che si snoda davanti alla nostra casa. Ovviamente sperava di vedere un cavallo o due che galoppavano, sollevando con gli zoccoli la rossa terra australiana. Invece, un giovane che sfrecciava su uno scooter a motore lo ha incantato! Sorseggiava un bicchiere di tè freddo in attesa della mia prima domanda.

D: Come è arrivato a essere conosciuto come "The Banjo"?

R: Ho adottato questo soprannome dopo un cavallo da corsa di proprietà della mia famiglia. A ventidue anni scrissi il mio primo contributo firmato, che fu pubblicato su "The Bulletin" il 12 giugno 1886. La ballata era "The Bush Fire" e da allora il nome mi rimase impresso. (3)

D: J. F. Archibald fondò "The Bulletin" nel 1800 e si racconta che fosse molto severo. Com'è stato il primo incontro con lui?

R: J. F. era sempre alla ricerca di nuovi scrittori e si imbatté in alcune mie opere. Mi chiamò nel suo ufficio e io andai a salire una sudicia rampa di scale al 24 di Pitt Street, finché non mi trovai davanti a una porta con la scritta Mr. Sulla porta era appuntato un vivace disegno di un gentiluomo che giaceva libero sul filo del rasoio con un pugnale in mezzo e sul disegno c'era scritto: "Archie, ecco cosa ti succederà se non usi il mio disegno sul poliziotto!". Mi rallegrò molto. Evidentemente questo era un posto libero e semplice.

In un'intervista di dieci minuti disse che avrebbe voluto che provassi a scrivere altri versi. Sapevo qualcosa della boscaglia? Gli dissi che ero stato allevato lì.

"Va bene", mi disse, "prova con la boscaglia. Prova con tutto ciò che ti colpisce. Non scrivere nulla come gli altri, se puoi evitarlo. Vediamo cosa sai fare". (4)

D: Le Bush Songs erano popolari all'epoca, ma lei le ha trasformate in inni.

R: Le Bush Songs dovrebbero essere ascoltate con l'accompagnamento del rumore delle cesoie, quando la voce di un tosatore si alza attraverso il frastuono causato dalla fretta e dal trambusto di un capannone di tosatura, dallo scalpiccio delle pecore nei loro recinti e dalla fretta dei raccoglitori; o quando, sulle strade, il bestiame è inquieto nel suo accampamento di notte e l'uomo di guardia, cavalcando intorno a loro, intona "Bold Jack Donahue" per calmare un po' i nervi... Il vero boscimano non affretta mai le sue canzoni. Sono concepite espressamente per passare il tempo durante i lunghi viaggi o le lente e stancanti cavalcate dietro alle pecore o al bestiame stanco; quindi, le canzoni sono cantate coscienziosamente fino in fondo - coro e tutto - e le ultime tre parole della canzone sono sempre pronunciate, mai cantate. (5)

D: Ci farebbe l'onore di recitare una delle sue ballate? Che ne dice di una canzone ferroviaria?

R: Una richiesta, che ne dici!

LA BANDA VOLANTE
Ho scontato il mio tempo, nei giorni passati,
nel rumore e nel frastuono della ferrovia,

e ho lavorato fino alla fine,

ed ero il capo della "Banda Volante".

Era una banda scelta che veniva tenuta a portata di mano

in caso di necessità,

che fosse sud o nord, noi partivamo

e via alla massima velocità.

Se in città giungeva la notizia che un ponte era crollato,

suonava l'imperioso richiamo.

"Esci con il motore del pilota in azione,

e via con la banda volante".

Poi un urlo penetrante e un'ondata di vapore

Mentre la locomotiva avanzava,

Con un ritmo misurato tra i bassifondi e le strade

della città affollata siamo fuggiti,

dalle colline luminose e dalle fattorie bianche,

con l'impeto della burrasca occidentale,

E il pilota ondeggiava al ritmo del nostro passo

mentre si dondolava sulla ringhiera.

E i bambini di campagna battevano le mani

Quando l'eco del motore risuonava,

Ma i loro anziani dicevano: "C'è del lavoro da fare

Quando manderanno a chiamare la banda volante".

Poi, attraverso le miglia della pianura di salicornia

che brillava con la rugiada del mattino,

dove le erbe ondeggiavano come il grano che maturava.

Il motore pilota volò,

Una corsa infuocata nella boscaglia aperta
Dove i segni di grado sembravano volare,
E l'ordine sfrecciava sui fili davanti a noi,
Il pilota deve passare.
Lo speciale del governatore deve farsi da parte,
e l'espresso veloce deve passare,
Che i vostri ordini siano che la linea sia libera
Per i ragazzi della banda volante. (6)

D: Spero di intervistare presto Rudyard Kipling, che credo sia stato uno dei suoi compagni. Ha qualche consiglio da darmi?

R: Ci si aspetta che un grande genio della letteratura, come Kipling, sia in qualche modo una specie di fenomeno da baraccone: l'alcol, le donne, il temperamento, l'ozio, l'irregolarità delle abitudini - quasi tutti i grandi scrittori del passato hanno avuto uno o l'altro di questi inconvenienti, e alcuni di loro li hanno avuti tutti. La vita di Byron consisteva per lo più di macchie viola; e Swinburne non era l'eroe della canzone sul buon giovane che morì. Così, quando andai a stare con Kipling in Inghilterra, ero preparato a tutto.

Kipling odiava la pubblicità e nella vita privata era solo un uomo che lavorava sodo, di buon senso e con la testa a posto, senza alcun vizio da riscattare che io potessi scoprire. Forse è un peccato, perché non c'è niente di così interessante come gli scandali sui grandi geni. (7)

D: Credo che il signor Kipling abbia visitato l'Australia; le ha detto cosa ne pensa?

R: Sì, ha detto: "Un giorno dovrò comprare una casa in Australia. Ho una casa a New York e a Città del Capo, ma mi piacerebbe vivere in Australia per un po'. Ci sono stato, ma l'ho attraversata come il diavolo ha attraversato Athlone, a salti in piedi. Non si può imparare nulla di un Paese in questo modo. Bisogna viverci e poi si possono capire bene le cose. Voi australiani non siete ancora cresciuti. Pensate che la "Melbourne Cup" sia la cosa più importante del mondo". (8)

D: Ha anche fatto la conoscenza di un giovane Winston Churchill?

R: Un corrispondente di guerra, agli occhi dell'esercito, è un male da tollerare. Essendo australiano, corridore di steeplechase e giocatore di polo, avevo una reputazione (forse fittizia) di giudice di cavalli e mi veniva costantemente chiesto di andare a scegliere i cavalli per gli ufficiali dei depositi di rimonta. In questo modo, conobbi celebrità come Lord Roberts, French, Haig, Churchill e Kipling, e raggiunsi uno status nell'esercito che non avrei mai raggiunto come corrispondente.

Churchill aveva una personalità così forte che già all'inizio, quando era piuttosto giovane, l'esercito era pronto a scommettere che sarebbe finito in prigione o sarebbe diventato Primo Ministro. Aveva fatto il soldato, ma aveva una straordinaria capacità di inimicarsi gli ufficiali superiori e inferiori. (9)

D: Signor Paterson, molti dei suoi personaggi erano così concreti che i lettori credevano che lei stesse scrivendo di persone che conosceva. C'era davvero un uomo di Snowy River?".

R: "L'uomo di Snowy River"... è stato scritto per descrivere la pulizia dei cavalli selvatici nel mio distretto. Per fare un lavoro del genere ho dovuto creare un personaggio, immaginare un uomo che cavalcasse meglio di chiunque altro, e da dove sarebbe venuto se non dallo Snowy? E che tipo di cavallo avrebbe cavalcato, se non un pony di montagna mezzo purosangue? Ero sicuro che doveva esserci un uomo di Snowy River, e avevo ragione. Sono venuti fuori da tutti i distretti montani - uomini che hanno fatto esattamente la stessa cavalcata e che potrebbero raccontarvi capitolo per capitolo ogni miglio che hanno disceso e ogni torrente che hanno attraversato. È stata una soddisfazione non da poco sapere che c'era davvero un uomo di Snowy River - più di uno... (10)

D: Mio figlio Simon ama molte delle poesie che lei ha scritto per i bambini. Le sue preferite sono quelle sugli scoiattoli volanti e sull'ornitorinco. Se lo chiamo, le dispiacerebbe leggergliele?

R: Con molto piacere.

Mi sono allontanata dal balcone e ho spiegato a mio figlio Simon, di cinque anni, che avrebbe incontrato

"The Banjo" Paterson. Simon era vestito con il suo costume da Spiderman e ha ricevuto quella che sembrava essere una salda stretta di mano dal signor Paterson. "The Banjo" ha poi invitato Simon a sedersi sulle sue ginocchia mentre recitava le sue poesie:

SCOIATTOLI VOLANTI
Sulla robusta capanna dell'acqua
In cima alla strada a briglia sciolta
Dove anni fa, come raccontano i vecchi,
gli spaccatori andavano con un carro di buoi
Ma mai un carro tornò indietro
Nel periodo della fioritura della gomma,
Quando il profumo nell'aria è forte,
e i fiori si agitano nella brezza della sera,
si possono vedere gli scoiattoli tra gli alberi,
giocare tutta la notte.
Non si preoccupano mai
disturba il loro semplice cervello
Li si può vedere scivolare nella penombra della luna
Da un albero all'altro e da un arto all'altro,
Piccoli aeroplani grigi
Ognuno come un ghiro dorme
Nel beccuccio di un vecchio albero di gomma,
Una palla di pelo con un manto d'argento
Ognuno con la coda intorno alla gola
Per paura che prenda il raffreddore.
Queste sono le cose che mangia,

chiedendo ai suoi amici di cenare:
Falene e coleotteri e germogli appena nati,
Miele e spuntini di frutta autoctona,
e un bicchiere di rugiada come vino (11).
Simon batté le mani mentre "il Banjo" sfogliava il
libro finché non trovò quello che voleva leggere:

VECCHIO ORNITORINCO
Lontano dai problemi e dalle fatiche della città,
Dove i canneti spazzano e tremano,
Guarda il frammento di velluto marrone...
Il vecchio ornitorinco alla deriva,
alla deriva lungo il fiume.
E gioca e si tuffa nelle anse del fiume
In uno stile molto sfuggente
Con pochi parenti e meno amici,
perché il vecchio ornitorinco discende
da una famiglia molto sfuggente
Condivide la sua tana sotto la riva
con la moglie, il figlio e la figlia
Alle radici dei giunchi e delle erbe;
E le bolle mostrano dove il nostro eroe è affondato
Fino al suo ingresso sott'acqua
Al sicuro nella tana sotto le cascate
Vivono in un mondo di meraviglia,
dove nessuno li visita e nessuno li chiama,
Dormono come piccole palle da biliardo marroni
Con i loro becchi ben nascosti.

Mr. Paterson intuì che era giunto il momento di andarsene. Non volendo spaventare Simon, lo accarezzò delicatamente sulla testa e lo passò a me. Percorse il corridoio e uscì dalla vista di Simon. Poi si voltò, sorrise, si fece il cappello e sparì. Fui riportato alla realtà quando Simon mi tirò la camicia. Stava diventando impaziente di terminare la sua amata poesia:

E parla con un profondo ringhio ostile

mentre prosegue il suo viaggio solitario

Perché non è parente né di pesci né di uccelli,

né con uccelli o bestie, né con gufi cornuti;

Anzi, è l'unico e il solo! (12)

Simon e io continuammo a leggere fino a notte fonda, finché non si addormentò tra le mie braccia. Non credo che Simon si renda conto del significato dell'incontro con "The Banjo" Paterson nella sua stessa casa. Forse un giorno lo capirà.

Amico, leggi questi... sono tutti dei bonzer!

L'uomo di Snowy River e altri versi

Saltbush Bill J.P. e altri versi

Cantante del cespuglio

Canzone della penna

Banjo Paterson - Un tesoro per bambini

Gli australiani di Banjo Paterson

I cavalieri del fiume innevato

Il potere dei tre elefanti e altre storie

Vecchi giorni di scuola

L'uomo che era lontano

Il poeta di Pannikin
La rima degli O'Sullivan
La strada per Gundagai
L'incendio nel bush: un'allegoria
Il sogno della Melbourne Cup
Lo straripamento di Clancy
L'ipnotizzatore.

Hoo-roo!
Cathy McGough
Il vostro intervistatore di scrittori leggendari dell'aldilà

THOREAU PASSEGGIA

OGGI CONDIVIDEREMO UNA PASSEGGIATA mattutina con un uomo che aveva un'anima da poeta. Si chiama Henry David Thoreau ed è nato il 12 luglio 1817 a Concord, nel Massachusetts. Quando morì, all'età di 45 anni, i suoi due libri pubblicati avevano venduto miseramente. Per Henry David Thoreau, sicuramente camminava "al suono di un altro tamburo".

(Scusatemi un attimo, mentre verifico i progressi di Madame Delatour nel contattare il signor Thoreau).

A quanto pare, Madame Delatour non è riuscita a contattare il signor Thoreau questa mattina, anche se lui ha accettato di fare un'intervista con noi oggi. Mi ha suggerito di iniziare a camminare, e lo porterà con sé per raggiungermi al più presto.

Sentendomi un po' agitata, ho accettato l'idea e sono stata molto contenta di uscire all'aria del mattino. Non sono proprio una "persona mattiniera", ma quando l'aria mi colpisce, di solito riesco a stare al passo con i migliori.

Ho iniziato a camminare lungo il sentiero, oltre gli alberi di gomma, quando ho visto un cucciolo di kookaburra seduto tra le sue braccia. Mi fermai per emettere il suono di un kookaburra, ma non riconobbe la mia versione distorta della sua risata e mi prestò poca attenzione. Le lucertole correvano a casaccio mentre percorrevo il vialetto e uscivo in strada.

Mi fermai un attimo a riflettere su quale strada sarebbe piaciuta di più al signor Thoreau e decisi di attraversare in parte il ponte e di aspettarlo lì.

Mi misi in piedi sul ponte, guardando in basso mentre il sole danzava sul mio riflesso increspato. Recitai ad alta voce una delle poesie di Thoreau:

IL RAGAZZO DEL PESCATORE
La mia vita è come una passeggiata sulla spiaggia,
quanto più vicino al bordo dell'oceano posso andare
I miei passi tardivi a volte raggiungono le sue onde,
A volte mi fermo per lasciarle traboccare.
Il mio unico compito è, con scrupolosa attenzione,
di mettere i miei guadagni al di là della portata delle maree.
ogni ciottolo più levigato e ogni conchiglia più rara,
che l'oceano gentilmente affida alla mia mano.
Il mare di mezzo

A questo punto Thoreau terminò l'ultima strofa

Il mare di mezzo non contiene dulse cremisi,

Le sue onde più profonde non gettano perle da ammirare.

Lungo la riva la mia mano è sul suo battito,

e parlo con molti naufraghi. (1)

Madame Delatour e io applaudimmo vigorosamente. Il signor Thoreau si tolse il cappello e si inchinò. Gli porsi la mano, dandogli il benvenuto a Cooks River, a Sydney, in Australia, ma lui non sembrò accorgersi di me. Madame Delatour aveva tutta la sua attenzione.

Il signor Thoreau si complimentò con la signora per il suo aspetto affascinante. Le sollevò la mano e la strinse al cuore, mentre la guardava profondamente negli occhi. Le prese la mano e la baciò appassionatamente chiedendole se la sua mano fosse "promessa" a qualcuno.

Madame Delatour è raramente a corto di parole, ma questa volta non poteva parlare. Per non offendere il signor Thoreau, che non era il suo tipo, borbottò qualcosa e ci salutò. Non ho mai visto nessuno con i tacchi alti 3 pollici camminare così velocemente!

Il signor Thoreau guardò Blanchetta scomparire dalla sua vista e poi si unì a me in una passeggiata sul ponte di legno. Un pesce saltò, sembrando agitare la coda in segno di saluto e il signor Thoreau si fermò per salutarlo.

Erano quasi le 6 del mattino e il signor Thoreau mi fece un complimento. Pensava che, dato che ero in giro nelle prime ore del mattino, questa fosse la mia routine abituale.

Mi dispiaceva rovinare la sua illusione, ma sentivo il bisogno di confessare che l'avevo fatto, e questa fu la sua risposta:

Aria del mattino! Se non vuoi berne alla sorgente del giorno, allora dobbiamo imbottigliarne un po' e venderla nei negozi, a beneficio di coloro che hanno perso il biglietto di abbonamento all'ora del mattino in questo mondo!

Dovete imparare a risvegliarvi e a tenervi svegli, non con aiuti meccanici, ma con un'infinita attesa dell'alba, che non vi abbandona nel sonno più profondo. Non conosco fatto più incoraggiante dell'indiscutibile capacità dell'uomo di elevare la propria vita con uno sforzo consapevole. È già qualcosa saper dipingere un quadro particolare, o scolpire una statua, e quindi rendere belli alcuni oggetti; ma è molto più glorioso scolpire e dipingere l'atmosfera stessa e il mezzo attraverso cui guardiamo, cosa che moralmente possiamo fare. Incidere sulla qualità del giorno, questa è la più alta delle arti. Ogni uomo ha il compito di rendere la sua vita, anche nei suoi dettagli, degna della contemplazione della sua ora più elevata e critica. Se rifiutassimo, o piuttosto consumassimo, le misere informazioni che riceviamo, gli oracoli ci indicherebbero chiaramente come farlo. (2)

Ho spiegato la teoria dell'essere una "persona mattutina" in contrapposizione all'essere una "persona pomeridiana" o "serale"... come alcune persone non siano abbastanza socievoli fino a una certa ora del giorno. A questo punto ha esclamato:

Pshhha! Presto mi dirai che ti sentirai a tuo agio a camminare lungo sentieri impervi, indossando scarpe del tutto inadatte al compito!

Abbassai lo sguardo sul mio paio di stivali neri alti fino alla caviglia con il loro piccolo tacco a spillo e non potei fare a meno di ridere.

D: Visto che abbiamo già affrontato l'argomento, qual è la sua opinione sulla moda?

R: Il capo scimmia a Parigi indossa un berretto da viaggiatore e tutte le scimmie in America fanno lo stesso. L'obiettivo principale non è che l'umanità sia vestita bene e onestamente, ma, indiscutibilmente, che le corporazioni si arricchiscano. (3)

D: Le cose non sono cambiate molto nemmeno oggi, signor Thoreau. Il mondo chiede ancora a gran voce le ultime mode, alcune delle quali la sconvolgerebbero! Cosa ne pensa del cambiamento?

R: Tutti i cambiamenti sono un miracolo da contemplare; ma è un miracolo che avviene ogni istante. Confucio diceva: "Sapere che sappiamo ciò che sappiamo e che non sappiamo ciò che non sappiamo, questa è la vera conoscenza". Quando un uomo ha ridotto un fatto dell'immaginazione a un fatto della sua comprensione, prevedo che tutti gli uomini stabiliranno la loro vita su questa base. (4)

D: Le dispiacerebbe leggere una poesia per noi?

R: Questa la dedico a te, Cathy:

AMICIZIA

Penso un po' all'amore, e mentre penso,

L'amore è per me un mondo,

unica carne e bevanda dolcissima,

e stretto anello di congiunzione

tra cielo e terra.

So solo che è così, non come o perché,

la mia più grande felicità;

per quanto mi sforzi,

Non se dovessi morire,

posso spiegarlo.

Vorrei chiedere al mio amico come può essere,

Ma quando arriva il momento,

Allora l'amore è più bello

di qualsiasi cosa per me,

e quindi sono muto.

Perché se la verità fosse nota, l'Amore non può parlare,

ma solo pensa e fa;

Anche se sicuramente trapelerà

Senza l'aiuto del greco,

o di qualsiasi altra lingua.

Un uomo può amare la verità e praticarla,

La bellezza può essere ammirata,

e non omettere la bontà,

Per quanto si addice

alla riverenza.

Ma solo quando queste tre cose si incontrano,

come sempre si orientano,

e fanno di un'anima sola la sede,

e il rifugio preferito,

della bellezza;

Quando sotto una forma affine, come gli amori e gli odi

e una natura affine,

ci proclamano compagni,

esposti a destini uguali

in eterno;

E ciascuno può aiutare e servire l'altro,

stringendo maggiormente i legami dell'amore,

Il servizio non sarà mai rimpianto

Mentre uno e uno fanno due,

e due sono uno;

Solo in questo caso l'uomo dimostra pienamente

pienamente quanto l'uomo può fare,

che potere ha l'Amore

La sua anima più intima si muove

senza sosta.

Due robuste querce, intendo, che, una accanto all'altra,

resistono alla tempesta dell'inverno,

e nonostante il vento e la marea,

crescono come orgoglio del prato,
perché entrambe sono forti
In alto si sfiorano appena, ma minati
fino alla loro fonte più profonda,
Ammirando troverete
Le loro radici sono intrecciate
Inseparabilmente. (5)

D: Mi è piaciuto molto leggere il suo libro "WALDEN". Non ho potuto fare a meno di invidiare la sua situazione unica e il suo coraggio. Qual è stata la cosa più importante che ha imparato?

Per chi non lo sapesse, il signor Thoreau si ritirò a Walden Pond dove costruì una capanna in cui visse di rendita dal 1845 al 1947.

R: Ho imparato che se uno avanza con fiducia nella direzione dei suoi sogni e si sforza di vivere la vita che ha immaginato, incontrerà un successo inaspettato nelle ore comuni. Si lascerà alle spalle alcune cose, supererà un confine invisibile; nuove leggi, universali e più liberali, cominceranno a stabilirsi intorno a lui e dentro di lui; oppure le vecchie leggi saranno ampliate e interpretate a suo favore in un senso più liberale, ed egli vivrà con la licenza di un ordine superiore di esseri. Nella misura in cui semplificherà la sua vita, le leggi dell'universo appariranno meno complesse e la solitudine non sarà più solitudine, né la povertà, né la debolezza, né la debolezza. Se avete costruito castelli in aria, il vostro lavoro non va perso: è lì che devono stare. Ora mettete le fondamenta sotto di essi. (6)

D: Lei ha costruito la sua soffitta a "Walden", consiglia ad altri di intraprendere un simile compito?

R: La costruzione di una casa da parte di un uomo ha lo stesso valore che ha la costruzione del nido da parte di un uccello. Chi può dire che se gli uomini costruissero le loro case con le proprie mani e provvedessero al cibo per se stessi e per la propria famiglia in modo semplice e onesto, la facoltà poetica sarebbe universalmente sviluppata, come gli uccelli cantano universalmente quando sono impegnati? Ma ahimè! Siamo come i merli e i cuculi, che depongono le loro uova in nidi costruiti da altri uccelli e non rallegrano i viaggiatori con le loro note chiacchierone e poco musicali. (7)

D: Alcuni sono costruttori, altri sognatori: di certo non crede che ogni persona abbia la capacità di fare quello che ha fatto lei?

R: Ogni bambino ricomincia il mondo, in qualche misura, e ama stare all'aria aperta, anche con il bagnato e il freddo. Gioca a casa, così come a cavallo, avendo un istinto per farlo. Chi non ricorda l'interesse con cui da piccolo guardava le rocce a strapiombo o qualsiasi avvicinamento a una grotta? Era il desiderio naturale di quella parte del nostro antenato più primitivo che è ancora sopravvissuta a noi. Dalla caverna siamo passati a tetti di palme, di corteccia e rami, di lino tessuto e steso, di erba e paglia, di assi e scandole, di pietre e tegole. Infine, non sappiamo cosa significhi vivere all'aria aperta, e la nostra vita è domestica in più sensi di quanto pensiamo. Dal cuore al campo c'è una grande distanza. Forse sarebbe bene se trascorressimo più giorni e notti senza alcun ostacolo tra noi e i corpi celesti, se il poeta non parlasse così tanto da sotto un tetto, o il santo vi dimorasse così a lungo. Gli uccelli non cantano nelle caverne, né le colombe custodiscono la loro innocenza nelle colombaie. (8)

D: Mio figlio inizierà gli studi quest'anno e già io e mio marito siamo preoccupati per il suo futuro. Ha qualche consiglio da darci?

A: Se volessi che un ragazzo conoscesse qualcosa delle Arti e delle Scienze, per esempio, non seguirei il corso comune, che consiste nel mandarlo semplicemente nelle vicinanze di qualche professore, dove si professa e si pratica tutto tranne l'arte della vita; - osservare il mondo attraverso un telescopio o un microscopio, e mai con il suo occhio naturale; studiare la chimica e non imparare come si fa il pane o la meccanica e non imparare come si guadagna; scoprire nuovi satelliti di Nettuno e non individuare le macchie nei suoi occhi o quale vagabondo sia lui stesso un satellite; o essere divorato dai mostri che brulicano intorno a lui, mentre contempla i mostri in una goccia d'aceto.

Chi sarebbe progredito di più alla fine del mese: il ragazzo che aveva costruito il proprio coltello da caccia con il minerale che aveva scavato e fuso, leggendo quanto necessario per farlo, o il ragazzo che nel frattempo aveva seguito le lezioni di metallurgia all'Istituto e aveva ricevuto dal padre un coltellino di Rogers? Quale dei due avrebbe più probabilità di tagliarsi le dita? (9)

D: Grazie per il suo consiglio. Non c'è dubbio su quale ragazzo preferirei che fosse mio figlio. Signor Thoreau, lei ha trascorso un periodo in prigione. Potrebbe descrivere cosa è successo e perché è stato lì?

R: Non ho pagato la tassa elettorale per sei anni. Una volta sono stato messo in prigione per questo motivo, per una notte; e, mentre guardavo le mura di pietra solida, spesse due o tre piedi, la porta di legno e ferro, spessa un piede, e l'inferriata di ferro che tendeva la luce, non potevo fare a meno di essere colpito dalla follia di quell'istituzione che mi trattava come se fossi solo carne, sangue e ossa, da rinchiudere. Mi meravigliai che avesse concluso che quello era l'uso migliore che poteva fare di me e non avesse mai pensato di avvalersi dei miei servizi in qualche modo.

Vedevo che, se c'era un muro di pietra tra me e i miei concittadini, ce n'era un altro più difficile da scalare o da sfondare prima che potessero arrivare a essere liberi come me. Non mi sentii per un attimo confinato e le mura mi sembrarono un grande spreco di pietra e malta. Mi sembrava che solo io, tra tutti i miei concittadini, avessi pagato la mia tassa. Evidentemente non sapevano come trattarmi, ma si comportavano come persone poco educate. In ogni minaccia e in ogni complimento c'era un errore, perché pensavano che il mio desiderio principale fosse quello di stare dall'altra parte di quel muro di pietra. Non potevo che sorridere nel vedere con quanta operosità chiudevano la porta alle mie mediazioni, che li seguivano di nuovo fuori senza lasciarli andare né ostacolarli, ed erano davvero tutto ciò che era pericoloso. Non potendo raggiungere me, avevano deciso di punire il mio corpo. Vedevo che lo Stato era mezzo scemo e perdevo tutto il rispetto che mi rimaneva per esso e lo compativo. (10)

D: Se non si è mai sentito in trappola, come volevano che si sentisse, pensa di aver scoperto alcune cose di sé, che altrimenti non avrebbe mai saputo?

R: È stato come viaggiare in un paese lontano, che non mi sarei mai aspettato di vedere, e rimanere lì per una notte. Mi è sembrato di non aver mai sentito suonare l'orologio del paese, né i suoni serali del villaggio, perché abbiamo dormito con le finestre aperte, che erano all'interno della grata. Fu come vedere il mio villaggio natale alla luce del Medioevo, e la nostra Concordia si trasformò in un ruscello del Reno, e visioni di cavalieri e castelli mi passarono davanti. Erano le voci dei vecchi borghesi che sentivo per le strade. Ero spettatore e uditore involontario di tutto ciò che veniva fatto e detto nella cucina della locanda del villaggio adiacente: un'esperienza del tutto nuova e rara per me. Era una visione più ravvicinata della mia città natale. Mi ci trovavo dentro.

Non avevo mai visto le sue istituzioni prima. Questa era una delle sue istituzioni peculiari, perché era una città di contea. Cominciai a capire cosa facevano i suoi abitanti. (11)

D: È stato felice di essere stato rilasciato?

R: Quando uscii di prigione - perché qualcuno si intromise e pagò la tassa - non mi accorsi che erano avvenuti grandi cambiamenti nella città, come quelli che osserva chi entra da giovane ed esce da un uomo cadente e con la testa grigia; eppure ai miei occhi si era verificato un cambiamento sulla scena - la città, lo Stato e il Paese - più grande di quello che il semplice tempo avrebbe potuto produrre. Vidi ancora più distintamente lo Stato in cui vivevo. Vidi fino a che punto ci si poteva fidare delle persone tra cui vivevo come buoni vicini e amici; che la loro amicizia era solo per il tempo estivo; che non si proponevano molto di fare il bene; che erano una razza distinta da me per i loro pregiudizi e le loro superstizioni. Che nei loro sacrifici all'umanità non correvano alcun rischio, nemmeno per la loro proprietà; che in fondo non erano così nobili, ma trattavano il ladro come lui aveva trattato loro, e speravano con una certa osservanza esteriore e qualche preghiera, e camminando di tanto in tanto su una particolare strada diritta anche se inutile, di salvarsi l'anima. Forse questo è un giudizio severo sui miei vicini, perché credo che molti di loro non sapessero di avere un'istituzione come la prigione nel loro villaggio. (12)

D: Sei stato trattato in modo diverso quando sei tornato in società?

R: Un tempo nel nostro villaggio, quando un povero debitore usciva di prigione, era usanza che i suoi conoscenti lo salutassero, guardando attraverso le dita incrociate per rappresentare la grata di una finestra di prigione: "Come va?".

I miei vicini non mi salutarono così, ma guardarono prima me e poi gli altri, come se fossi tornato da un lungo viaggio. Fui messo in prigione mentre andavo dal calzolaio a prendere una scarpa, che fu riparata. Quando fui rilasciato la mattina dopo, andai a finire la mia commissione e, dopo aver indossato la scarpa riparata, mi unii a un gruppo di huckleberry, che non vedevano l'ora di mettersi alla mia guida; in mezz'ora - perché il cavallo fu presto domato - ero in mezzo a un campo di huckleberry, su una delle nostre colline più alte, a due miglia di distanza, e poi lo Stato non era più visibile. Questa fu la storia delle "mie prigioni". (13)

D: Qual è, secondo lei, il potere della scrittura?

R: La parola scritta è la più preziosa delle reliquie. È qualcosa di più intimo con noi e più universale di qualsiasi altra opera d'arte. È l'opera d'arte più vicina alla vita stessa. Può essere tradotta in tutte le lingue e non solo letta, ma anche respirata da tutte le labbra umane; non può essere rappresentata solo su tela o su marmo, ma può essere scolpita dal respiro della vita stessa. (14)

D: Ha qualche consiglio da dare ai lettori del 2003 e oltre?

R: Semplicità, semplicità, semplicità! Vi dico: fate in modo che i vostri affari siano come due o tre, e non come cento o mille; invece di un milione contate una mezza dozzina, e tenete i vostri conti sull'unghia del pollice. Semplificate, semplificate. Invece di tre pasti al giorno, se è necessario mangiatene solo uno; invece di cento piatti, cinque; e riducete altre cose in proporzione. Per quanto meschina sia la vostra vita, affrontatela e vivetela; non evitatela e non chiamatela con nomi duri. Non è così male come lo siete voi. Sembra più povera quando voi siete più ricchi. Chi cerca difetti troverà difetti anche in paradiso. Amate la vostra vita, per quanto povera sia. Potreste passare delle ore piacevoli, emozionanti e gloriose anche in un ospizio. Il sole al tramonto si riflette dalle finestre della casa dell'elemosina con la stessa luminosità della dimora del ricco; la neve si scioglie davanti alla sua porta come in primavera. Non vedo se una mente tranquilla non possa vivere altrettanto felicemente lì, e avere pensieri altrettanto rallegranti, come in un palazzo. (15)

D: Non so quanto tempo rimanga, ma vorrei sentirla recitare un'altra o due poesie?

R: Queste due camminano mano nella mano:

FUMO

Fumo dalle ali chiare, uccello icariano,
sciogli i tuoi pignoni nel tuo volo verso l'alto;
Allodola senza canto e messaggero dell'alba,
che volteggia sopra i villaggi come tuo nido;
O ancora, sogno che se ne va e forma d'ombra
di una visione di mezzanotte, che raccoglie le tue
gonne;
Di notte, stella velata, e di giorno
oscurando la luce e oscurando il sole;
Vai tu, mio incenso, su da questo focolare,
e chiedi agli dei di perdonare questa chiara
fiamma.

NEBBIA
Nube a bassa quota,
Aria di Terranova,
Fonte e sorgente di fiumi,
Telo di rugiada, drappeggio da sogno,
e tovagliolo steso da fays;
Prato d'aria alla deriva,
dove sbocciano le rive di margherite e le violette,
e nel cui labirinto di pini
Il tarabusino bussa e l'airone guizza;
Spirito dei laghi, dei mari e dei fiumi,
porta solo profumi e l'odore
di erbe curative ai campi degli uomini giusti. (16)
D: Signor Thoreau, grazie per aver illuminato il mio
spirito con le sue parole. Lei è un vero Poeta dei Poeti.

Lei sta cominciando a sbiadire, e in effetti il suo tempo sta per scadere.

R: Il tempo non è che il ruscello in cui vado a pescare. Mi abbevero; ma mentre bevo, vedo il fondo sabbioso e mi accorgo di quanto sia poco profondo. La sua corrente sottile scivola via, ma l'eternità rimane. Vorrei bere più a fondo, pescare nel cielo il cui fondo è ghiaioso di stelle. Non riesco a contarne una. (17)

Henry David Thoreau è scomparso ancora una volta. Mi aspetto che sia più apprezzato in cielo di quanto non lo sia mai stato qui sulla terra. Mentre i miei pensieri continuavano su questa linea, all'improvviso, attraverso gli alberi, come un canto del vento, Henry David Thoreau sussurrò:

Se l'uomo non tiene il passo dei suoi compagni, forse è perché sente un tamburo diverso. Lascia che segua la musica che sente, per quanto misurata o lontana. Non è importante che maturi presto come un melo o una quercia. Dovrebbe trasformare la sua primavera in estate?

Se la condizione delle cose per cui siamo stati creati non è ancora arrivata, quale realtà possiamo sostituire? Non faremo naufragio su una realtà vana. Dovremmo forse erigere con fatica un cielo di vetro blu sopra di noi, anche se, una volta terminato, saremo sicuri di guardare ancora il vero cielo etereo molto in alto, come se il primo non ci fosse? (18)

Vi consiglio di leggere prima "Walden" e poi di approfondire il resto!

Walden

Sul dovere della disobbedienza civile Pt. 1 e 2

Ispirazione

Camminare

Vita senza principi

La dispersione dei semi

I boschi del Maine

Conoscevo un uomo di vista

Pregare su quale terra?

Epitaffio sul mondo

Una settimana sui fiumi Concord e Merrimack

Uno yankee in Canada

Simpatia

Amore libero

A un uccello randagio

La pioggia d'estate

Il cavaliere nero

Amicizia.

Addio!

Cathy McGough

Il vostro intervistatore di scrittori leggendari dell'aldilà

LORD BYRON FA IL SUO INGRESSO

ERA IL LUGLIO DEL 2001 quando Madame Delatour portò Lord Byron da me. (Lord Byron fu l'unico scrittore a richiedere che l'intervista si svolgesse in un luogo specifico di sua scelta.

La nostra destinazione era Croft-on-Tees, nel North Yorkshire. Il signor Byron ci chiese di incontrarlo alla Rectory (che ho scoperto chiamarsi Old Rectory) e ci disse che sarebbe apparso da dietro un banco di Milbanke coperto da una tenda. (1)

Una volta arrivati all'aeroporto londinese di Gatwick, ci siamo serviti dei servizi, abbiamo preso qualche snack e bevande e poi siamo andati da "Alamo Auto Rentals".

Madame Delatour non vedeva l'ora di guidare dall'altra parte della strada, così ho preso il volante e siamo partiti. Il viaggio è stato molto tranquillo e, man mano che ci avvicinavamo allo Yorkshire, non potevamo fare a meno di notare l'asprezza del paesaggio intorno a noi.

Arrivammo all'Old Rectory alle 11 del mattino ed entrammo subito. Madame Delatour si mise al lavoro per chiamare Lord Byron. Lui le aveva dato precise istruzioni di non entrare nell'area chiusa da tende, perché voleva fare un "ingresso".

George Gordon Byron nacque il 22 gennaio 1788. Visse una vita piena di controversie e, a volte, di caos. Nacque in Inghilterra, ma andò a vivere all'estero per sfuggire agli scandali e alle dicerie.

Lord Byron morì il 19 aprile 1824 e, su sua richiesta, il suo corpo fu riportato in Inghilterra. Gli fu negata la sepoltura nel Poet's Corner dell'Abbazia di Westminster e fu invece sepolto nella tomba di famiglia a Hucknall Torkard, nel Nottinghamshire. Diversi anni dopo la sua morte, fu preparato un comitato per erigere un monumento a Byron, che fu offerto all'Abbazia di Westminster. Anche questo fu rifiutato. (2)

Nell'attesa leggerò una delle poesie di Lord Byron:

QUANDO CI SEPARAMMO
Quando ci separammo
In silenzio e in lacrime,
con il cuore spezzato,
per separarci per anni,
La tua guancia era pallida e fredda,

più freddo il tuo bacio;
In verità quell'ora preannunciava
Il dolore a questo.
La rugiada del mattino
affondava gelida sulla mia fronte.
Sembrava l'avvertimento
di ciò che sento ora.
I tuoi voti sono tutti infranti,
e la luce è la tua fama:
Sento pronunciare il tuo nome,
e condivido la sua vergogna.
Ti nominano davanti a me,
Una campana al mio orecchio;
Un brivido mi assale -.
Perché eri così caro?
Non sanno che io ti conoscevo,
che ti conoscevo troppo bene.
A lungo, a lungo ti rimpiangerò
Troppo profondamente per dirlo.
Ci siamo incontrati in segreto.
In silenzio mi addoloro
Che il tuo cuore abbia potuto dimenticare,
il tuo spirito ingannare.
Se dovessi incontrarti
dopo lunghi anni,
come dovrei salutarti?
Con silenzio e lacrime. (3)
Madame Delatour e io eravamo in lacrime, quando
Lord Byron uscì da dietro il paravento, scostando la

tenda cremisi come se si aspettasse l'impeto di un toro dall'altra parte. Indossava un abito di velluto blu reale, con volant sui polsini e sul colletto della camicia bianca. Aveva un aspetto imponente e si avvicinò a noi, prendendo prima la mano di Madame Delatour e baciandola leggermente, e poi facendo lo stesso con la mia. Camminava intorno alla canonica, osservandola, quasi come se stesse cercando qualcuno o qualcosa.

Madame Delatour (un po' a malincuore) uscì dalla porta sul retro, lasciando me e Lord Byron seduti da soli nel banco davanti. Il legno duro scricchiolò quando mi sedetti, e Lord Byron si buttò sul banco come se fosse un divano di casa sua, guardandomi con la testa appoggiata sulle sue mani a coppa.

D: Posso chiederle perché ha scelto di farsi intervistare qui?

D: Ha fatto ricerche su questo incontro? Mi dica di grazia perché pensa che l'abbia invitata qui, signora?

R: Posso solo fare supposizioni. È perché siete stata sposata con Lady Ann Isabella qui nel 1815?

R: Ah, sì. Purtroppo. Non ho mai visto nessuno migliorare molto dal matrimonio. Tutti i miei contemporanei accoppiati erano calvi e scontenti. Wordsworth e Southey persero entrambi i capelli e il buon umore; e l'ultimo dei due aveva molto da perdere. (4)

D: Vorrei sapere della sua infanzia. Per favore, me la racconti.

R: Sono nato, come dicono le infermiere, con un cucchiaio d'argento in bocca, che mi si è conficcato in gola e mi ha rovinato il palato, cosicché nulla di ciò che vi si mette dentro viene inghiottito con molto gusto - a meno che non sia cayenna. (5) Domanda successiva.

D: Aveva solo 20 anni quando le sue poesie furono incluse per la prima volta in una raccolta intitolata "Juvenilia" nel 1808. Cosa ha provato nel vedere il suo lavoro stampato?

R: Ricordo ancora cosa c'era scritto su "The Edinburgh Review":

"La poesia di questo giovane signore appartiene alla classe che né gli dei né gli uomini si dice permettano. In effetti, non ricordiamo di aver visto una quantità di versi con così poche deviazioni da questo standard esatto. Le sue effusioni sono sparse su un piano morto e non possono salire o scendere al di sopra o al di sotto del livello, come se fossero acqua stagnante". (6)

Ricordo l'effetto su di me: fu rabbia, resistenza e riparazione, ma non sconforto né disperazione. Riconosco che non si tratta di sentimenti amabili; ma, in questo mondo di trambusto e di agitazione, e specialmente nella carriera di scrittore, un uomo dovrebbe calcolare le sue capacità di resistenza prima di scendere nell'arena. (7)

D: È vero che non ha mai modificato le sue opere?

R: Quando scrivevo, scrivevo con rapidità e raramente con sofferenza... Quando prendevo la penna in mano per la prima volta, dovevo dire quello che mi veniva in mente o buttarlo via. Ho sempre scritto con la stessa velocità con cui riuscivo a mettere la penna sulla carta, e non ho mai rivisto se non nelle bozze... Non riesco mai a rifondere nulla. Sono come la tigre; se perdo la prima primavera, torno brontolando alla mia giungla. (8)

Johnson ci ha mostrato che nessuna poesia è perfetta; ma correggere il mio lavoro sarebbe stato un lavoro erculeo. Infatti, non ho mai guardato oltre il momento della composizione, e ho pubblicato solo su richiesta dei miei amici. (9)

D: L'altro giorno ho scoperto online una rara copia di "Juvenilia". Riesce a indovinare il prezzo? Era di 2500 sterline!

D: Cosa vuol dire on-line?

Ho preso la mia valigetta e ho tirato fuori il mio portatile, l'ho acceso e gliel'ho mostrato. Mi ha guardato stupito mentre digitavo le parole di una delle sue poesie.

R: È un dispositivo di comunicazione e gli scrittori come me registrano tutto qui. Non c'è bisogno di carta e penna. È tutto memorizzato nella banca dati del computer.

A: A me sembra una diavoleria!

Lord Byron si alzò e salì sull'altare. Aspettava dietro il pulpito. Capii subito che voleva che mettessi da parte le "diavolerie" e che gli dedicassi tutta la mia attenzione.

IN QUESTO GIORNO COMPIO
IL MIO TRENTASEIESIMO ANNO
È tempo che il cuore non si commuova,
poiché altri hanno smesso di muoversi:
Tuttavia, anche se non posso essere amato,
lasciatemi amare!
I miei giorni sono in una foglia gialla;
I fiori e i frutti dell'amore sono spariti;
Il verme, la carie e il dolore sono solo miei!
sono solo miei!
Il fuoco che preda il mio petto
è solitario come un'isola vulcanica;
Nessuna torcia è accesa al suo fuoco...
Una pila funeraria.
La speranza, la paura, la cura gelosa,
l'esaltante porzione di dolore
e del potere dell'amore, non posso condividere,
ma portare la catena.
Ma non è così - e non è qui -.
Tali pensieri non dovrebbero scuotere la mia anima
né ora,
dove la gloria adorna la bara dell'eroe,
o lega la sua fronte.
La spada, lo stendardo e il campo,
La gloria e la Grecia, intorno a me!
Lo spartano, sostenuto dal suo scudo,
non era più libero.

Svegliati! (non la Grecia, lei è sveglia).
Svegliati, mio spirito! Pensa attraverso chi
Il tuo sangue vitale rintraccia il suo lago madre,
e poi colpisci!
Abbatti le passioni che si risvegliano,
indegna virilità! - a te
Indifferente dovrebbe essere il sorriso o il cipiglio
della bellezza.
Se rimpiangi la tua giovinezza, perché vivere?
La terra della morte onorevole
è qui: --Sali in campo e dai
il tuo respiro!
Cerca - meno spesso cercata che trovata - una
tomba da soldato, per te la migliore.
una tomba da soldato, la migliore per te;
Poi guardati intorno e scegli il tuo terreno,
e riposa. (10)

D: Lei ha una bella voce, Lord Byron. Ha mai provato a cantare?

R: Quando ero ad Aston, durante la mia prima visita, avevo l'abitudine, nel passare il tempo in buona parte da solo, di... non lo chiamerò cantare, perché non lo faccio mai se non a me stesso, ma di pronunciare, su un tono che ritengo intonato, i vostri "Oh breathe not", "When the last glimpse" e "When he who adores thee", con altri dello stesso menestrello; sono i miei matinée e vespri. Non volevo certo che venissero ascoltate, ma una mattina arrivò non La Donna, ma Il Marito, con una faccia molto seria, dicendo: "Byron, devo chiederti di non cantare più, almeno queste canzoni". Io lo fissai e dissi: "Certamente, ma perché?". - "A dire il vero", disse, "fanno piangere mia moglie, e sono così malinconiche che desidero che non le senta più". (11)

D: È vero che "Zuleika" ha rischiato di non essere pubblicato?

R: Una volta un amico mi ha consigliato (senza averlo visto, tra l'altro) di non pubblicare "Zuleika"; credevo che avesse ragione, ma l'esperienza potrebbe avergli insegnato che non stampare è fisicamente impossibile. È una cosa orribile da fare troppo spesso; - meglio stampare e chi vuole può leggere, e se non piace, si ha la soddisfazione di sapere che hanno, almeno, acquistato il diritto di dirlo. (12)

D: Qual è la sua opinione su William Shakespeare?

R: Il nome di Shakespeare, potete starne certi, è assurdamente troppo alto e scenderà. Non aveva alcuna invenzione per quanto riguarda le storie, nessuna. Prendeva tutte le sue trame da vecchi romanzi e ne traduceva le storie in forma drammatica, con lo stesso dispendio di pensiero con cui voi o io potremmo ritrasformare le sue opere teatrali in racconti in prosa. Che abbia gettato su tutto ciò che ha scritto qualche lampo di genio, nessuno può negarlo, ma questo è tutto.

Supponiamo che uno si trovi a gestire per la prima volta storie già pronte come Lear, Macbeth, ecc. e sarebbe davvero un uomo triste se non ne facesse qualcosa di molto grandioso.

Per quanto riguarda i suoi drammi storici, propriamente storici, intendo dire che si trattava di semplici rielaborazioni di precedenti drammi sugli stessi argomenti, e in venti casi su ventuno, le cose più belle, le cose più belle, sono prese quasi alla lettera dalle vecchie vicende. Pensate, senza dubbio, che un cavallo, un cavallo, il mio regno per un cavallo! sia di Shakespeare. Non c'è una sola sillaba.

Troverete tutto nel vecchio drammaturgo senza nome. Non si potrebbe prendere Tom Jones e migliorarlo, senza essere un genio più grande di Fielding? Da parte mia, penso che i drammi di Shakespeare potrebbero essere migliorati, e anche il pubblico sembra, e ha sembrato, pensarlo, perché non uno dei suoi drammi è o è mai stato recitato così come l'ha scritto; e ciò che il pubblico ha applaudito trecento anni fa, cinque volte su dieci non è di Shakespeare, ma di Cibber. (13)

D: Aveva una tecnica speciale per portare la sua Musa da lei?

R: Io e un amico bevevamo insieme dalle sei a mezzanotte una bottiglia di champagne e sei bottiglie di chiaretto e poi..:

Scrivo questo testo con la testa tra le nuvole,
avendo bevuto moltissimo oggi
Così che sembra che io stia in piedi sul soffitto. (14)

Lord Byron rideva mentre prendeva uno dei calici dall'altare e fingeva di sorseggiare affamato.

D: La sua satira "Childe Harold" ha fatto il giro del mondo. Tom Moore, il suo biografo, ha scritto: "L'effetto fu elettrico". Era euforico quando ha ricevuto la notizia?

R: Mi sono svegliato una mattina e mi sono ritrovato famoso! (15)

BAMBINO HAROLD
Strofe #75 e #76
Le montagne, le onde e i cieli non sono forse una parte
di me e della mia anima, come io di loro?
L'amore per loro non è forse profondo nel mio cuore?
con una passione pura? Non dovrei condannare
Tutti gli oggetti, se paragonati a questi? E arginare
Una marea di sofferenze, piuttosto che rinunciare a
a questi sentimenti per la flemma dura e mondana
di coloro i cui occhi sono rivolti solo in basso,
con pensieri che non osano brillare?
Ma questo non è il mio tema; torno a ciò che è immediato e che richiede
a ciò che è immediato, e richiedo
a coloro che trovano la contemplazione nell'urna,
di guardare a Colui la cui polvere era un tempo tutto fuoco,
Un nativo della terra in cui respiro
l'aria limpida per un po' - un ospite di passaggio,

dove è diventato un essere, il cui desiderio
era di essere glorioso; era una ricerca sciocca,
per ottenere e conservare il quale sacrificò il resto.
(16)

Quando finì, presi la borsa e bevvi un sorso veloce della mia bottiglia di Evian. Gli offrii da bere e lui esaminò la bottiglia di plastica con una certa curiosità. Gli ho spiegato la passione del mondo per l'acquisto di acqua in bottiglia. Mentre la spingeva indietro verso di me, mormorò qualcosa sulla stupidità dell'uomo nel futuro...

D: È vera la storia secondo cui lei credeva che John Keats fosse morto a causa di una cattiva recensione su "The Quarterly"?

R: Shelley scrisse un'elegia su Keats, accusando "The Quarterly" di averlo ucciso:

Chi ha ucciso John Keats?
Io, dice il Quarterly,
così selvaggio e tartaro;
È stata una delle mie imprese.
Chi ha scoccato la freccia?
Il poeta-sacerdote Milman
(così pronto a uccidere l'uomo),
o Southey o Barrow.

Sapete bene che non approvavo la poesia di Keats, né i principi della poesia. Il suo "Hyperion" è un bel monumento e conserverà il suo nome. Non invidio l'uomo che ha scritto l'articolo: I recensori di "The Quarterly" non hanno più diritto di uccidere di qualsiasi altro pedone. Tuttavia, colui che sarebbe morto per un articolo di una rivista sarebbe probabilmente morto per qualcos'altro di altrettanto banale. (17)

D: Può parlarmi della sua amicizia con Percy Bysshe Shelley?

R: Era la persona più simpatica sotto i trent'anni che abbia mai conosciuto. (18) Era, per quanto ne so, il meno egoista e il più mite degli uomini - un uomo che aveva fatto più sacrifici della sua fortuna e dei suoi sentimenti per gli altri di quanti ne abbia mai sentiti. (19)

D: Ci sono due leggende che ancora oggi si credono sul signor Shelley. Una riguarda il suo cuore, l'altra ciò che aveva in tasca quando annegò. Può confermare o smentire?

R: Abbiamo bruciato i corpi di Shelley e Williams sulla riva del mare, per renderli idonei alla rimozione e alla regolare sepoltura. Non potete immaginare l'effetto straordinario di una simile catasta funeraria, su una riva desolata, con le montagne sullo sfondo e il mare davanti, e il singolare aspetto che il sale e l'incenso davano alla fiamma. Tutto Shelley fu consumato, tranne il suo cuore, che non sopportò la fiamma e che conservammo in un distillato di vino.

D'altra parte, nella tasca di Shelley non fu trovata una Bibbia, ma le poesie di John Keats. (20)

D: Grazie. Apprezzo la sua franchezza. Ha scelto lei di scrivere o è stata la scrittura a scegliere lei?

R: Chi scriverebbe, se avesse qualcosa di meglio da fare? Ritengo che il grande clamore suscitato dallo scarabocchio e dagli scribi, da parte loro e di altri, sia un segno di effeminatezza, degenerazione e debolezza. (21)

Ho scritto "Il ponte di Abydos" in quattro giorni. Ho scritto "Corsaro" in dieci giorni. Ho scritto "Lara" mentre mi spogliavo dopo balli e mascherate. Non metto assolutamente la poesia o i poeti al primo posto nella scala dell'immaginazione. La poesia è la lava dell'immaginazione, la cui eruzione impedisce un terremoto. Se fossi vissuto dieci anni in più, avreste visto che per me non era tutto finito, - non dico nella letteratura, perché quella non è niente, e, può sembrare abbastanza strano dirlo, non credo che fosse la mia vocazione. Ma avreste visto che facevo qualcosa o altro! Ahimè, ero un poeta per vocazione e un pirata per vocazione! (22)

Ma se dovessi farlo di nuovo, - dovrei scrivere di nuovo, suppongo. Questa è la natura umana, almeno la mia parte - anche se penserò meglio di me stesso, se avessi avuto il buon senso di fermarmi ora. (23)

D: Ricorda un posto nel cimitero della chiesa, sulla collina di Harrow, dove c'è una lapide che si dice sia stato il suo posto preferito per meditare e comporre?

Annuì riconoscendo il luogo.

Doveva essere protetta da una gabbia di ferro dai suoi ferventi ammiratori, che la distruggevano e ne portavano via dei pezzi in ricordo di lei.

R: Una parte del tempo trascorso lì è stata la più felice della mia vita. (24)

D: Ha qualche consiglio da dare agli scrittori del futuro?

R: Ridete sempre quando potete. È una medicina a buon mercato. Offro anche parole da vivere tratte da "Don Giovanni":

Perché le parole sono cose; e una piccola goccia di inchiostro

che cade come rugiada su un pensiero produce

Ciò che fa pensare migliaia, forse milioni di persone. (25)

D: Crede che l'assenza faccia affezionare il cuore?

R: Ho riflettuto sulle miserie della separazione, sul fatto che - oh, quanto raramente vediamo coloro che amiamo! Eppure viviamo secoli in momenti, quando ci incontriamo. L'unica cosa che mi consolava durante l'assenza era la riflessione che nessun allontanamento mentale o personale, per noia o disaccordo, poteva aver luogo; e quando le persone si incontravano nell'aldilà, anche se molti cambiamenti potevano essere avvenuti nel frattempo, tuttavia, a meno che non fossero stanche l'una dell'altra, erano pronte a riunirsi, e non si rimproveravano l'un l'altra per le circostanze che le avevano separate. (26)

D: Lei ha tenuto un diario per molti anni. È una cosa che consiglierebbe ad altri scrittori?

R: Sono stato costretto a scrivere un diario, che mi ha impedito di scrivere versi, almeno di tenerli. Spesso gettavo le poesie nel fuoco (che veniva riacceso con mia grande consolazione), e poi mi toglievo dalla testa il progetto di un'altra. (27)

D: La vita è troppo breve?

R: Se si sottrae alla vita l'infanzia (che è vegetazione), - il sonno, il mangiare, il bere, l'abbottonarsi e lo sbottonarsi - quanto rimane dell'esistenza vera e propria? L'estate di un ghiro. (28)

D: Qual è la forma di scrittura che le è piaciuta di meno?

R: Una volta ho scritto due sonetti. Non avevo mai scritto che un sonetto prima d'ora, e non seriamente, e molti anni fa, come esercizio - e decisi allora che non ne avrei mai più scritti. Erano i componimenti più irritanti, pietrificanti, stupidamente platonici. Detestavo a tal punto il Petrarca che non sarei stato l'uomo giusto nemmeno per ottenere la sua "Laura", cosa che il metafisico e piagnucoloso idiota non riuscì mai a fare. (29)

Madame Delatour spuntò dietro l'angolo, indicando ansiosamente l'orologio e chiedendoci di uscire. Speravo che Lord Byron leggesse un'altra poesia, ma ero curioso di sapere cosa o chi ci stesse aspettando all'aperto.

Alla fine, la curiosità ha ceduto e ci siamo avventurati fuori dalla canonica. Ad attendere Lord Byron c'era un grosso destriero nero, la cui criniera ondeggiava come una sciarpa al vento. Lord Byron salutò il cavallo e gli saltò in groppa. Ci ringraziò per avergli fatto ritrovare il suo "vero amore" e le accarezzò con fervore i fianchi.

D: Per favore, non andate ancora via. C'è ancora abbastanza tempo per recitare: "She Walks In Beauty".

R: Signore, reciterò la poesia che avete scelto, ma in onore di questo mio bellissimo amico.

Lord Byron abbracciò la criniera corvina del suo vero amore. Lei rispose con un "neigh" mentre lui sussurrava:

CAMMINA IN BELLEZZA
Cammina in bellezza, come la notte
Di climi senza nuvole e cieli stellati;
E tutto ciò che c'è di meglio nel buio e nella luce
si incontrano nel suo aspetto e nei suoi occhi:
Così ammorbidita da quella tenera luce
che il cielo nega al giorno sgargiante.
Un'ombra in più, un raggio in meno,
aveva alterato per metà la grazia senza nome
che ondeggia in ogni chioma corvina,
o che illumina dolcemente il suo volto;
Dove pensieri serenamente dolci esprimono

quanto siano puri, quanto sia cara la loro dimora.

E su quella guancia, e su quella fronte,

così dolce, così calma, eppure eloquente,

i sorrisi che conquistano, le tinte che brillano,

raccontano di giorni trascorsi nella bontà,

Una mente in pace con tutto il mondo,

Un cuore il cui amore è innocente! (30)

Quando disse l'ultimo verso, diede un calcio ai fianchi del suo cavallo e si avviarono verso il sole di mezzogiorno. Si sentivano gli zoccoli, lo scalpiccio dei cavalli e Lord Byron cantava qualcosa, mentre scomparivano per sempre dalla terra.

Per saperne di più sulle opere di Lord Byron, vi consiglio di consultare i seguenti testi:

Il pellegrinaggio di Childe Harold

Don Giovanni

Prometeo

Vorrei essere un bambino sbadato

Tutto per amore

Oh! Strappato via nel fiore della bellezza

Addio

In questo giorno compio il mio trentaseiesimo anno!

La tomba di Churchill

Linee sulla notizia che Lady Byron era malata

Il fiore della bellezza

Così, non andremo più in giro

La mia anima è oscura

L'oscurità

Strofe per la musica

Il prigioniero di Chillon

Uno spirito è passato davanti a me

La solitudine

Non c'è gioia che il mondo possa dare

La distruzione di Sennacherib

Linee scritte su una tazza ricavata da un teschio

A Thomas Moore

Linee scritte sotto un olmo nel cimitero della chiesa di Harrow.

Spero che l'intervista di Lord Byron sia valsa la pena di aspettare.

Wes gesund!

Cathy McGough

Il vostro intervistatore di scrittori leggendari dell'aldilà

L'INIZIO CON BAUDELAIRE

Quando io e Madame Delatour ci incontrammo per la prima volta, l'apparizione inaspettata di Charles Baudelaire fu uno shock. Essendo uno scettico di cuore, ho esaminato la zona alla ricerca di ogni tipo di trucco immaginabile. Ho camminato intorno a Monsieur Baudelaire e gli ho persino stretto la mano per essere sicuro che fosse reale, visto che era apparso dal nulla. Mi chiesi se fosse un attore che recitava la parte, ma presto mi resi conto che non era così. Era l'unico e solo Charles Baudelaire, nato a Parigi, in Francia, il 9 aprile 1821.

Dopo il nostro incontro, Madame Delatour mi ha spiegato più dettagliatamente il suo "dono". Fortunatamente per noi, Madame Delatour aveva iniziato a portare con sé un piccolo registratore nella sua borsetta per registrare tutti gli incontri che faceva. A mia insaputa, quando Monsieur Baudelaire fece la sua apparizione, lei prese la borsetta e attivò il registratore.

Caro lettore, potresti pensare che abbiamo fatto questa registrazione illegalmente, violando i diritti del signor Baudelaire, che non ci ha dato il permesso di registrare la sua voce.

Madame Delatour riteneva che perdere del tempo cruciale, ma limitato, per spiegare al signor Baudelaire cosa fosse un registratore, sarebbe stato impossibile.

Al momento della registrazione, non ero a conoscenza del dispositivo di registrazione, ma condivido pienamente la decisione di Madame Delatour. Inoltre, bisogna ricordare che Monsieur Baudelaire è morto. (Che riposi in pace).

Ai fini di questa rievocazione, oggi utilizzerò i nastri di Madame Delatour. Madame Delatour conosceva bene le opere del signor Baudelaire, che è indiscutibilmente uno dei poeti francesi più influenti di tutti i tempi. Anch'io conoscevo alcune opere, ma non tutte, la più famosa delle quali è "Les Fleurs du Mal" (I fiori del male), pubblicata nel 1857. Tutte le persone coinvolte - autore, editore e stampatore - furono processate e dichiarate colpevoli di oscenità e blasfemia. Sei poesie furono eliminate dal libro. (1)

Oggi, tuttavia, "Les Fleurs du Mal" è uno dei libri più editi della letteratura mondiale. È stato tradotto in molte lingue ed è letto in tutto il mondo.

Nell'attesa, come passare meglio il tempo se non leggendo:

BELLEZZA
Sono bella, o mortali! Come un sogno di pietra,
E il mio petto, sul quale ogni uomo è ferito a turno,
è fatto per ispirare al poeta un amore
eterno e muto come la materia.
Io presiedo i cieli come una sfinge incompresa;
Unisco un cuore di neve al candore dei cigni;
Odio ogni movimento, che sposta le linee,
non piango e non rido mai.
I poeti davanti alle mie grandi pose,
che sembrano prese in prestito dai monumenti più
fieri,
consumeranno i loro giorni in studi austeri;
Perché io ho, per affascinare questi docili amanti,
specchi puri che rendono tutte le cose più belle;
I miei occhi, i miei grandi occhi con la loro luce
eterna! (2)

Monsieur Charles Baudelaire arrivò vestito di nero.
Avrebbe potuto facilmente essere scambiato per un
impresario di pompe funebri (o per un cadavere). I
suoi occhi rivelavano il cuore di un uomo che aveva
vissuto una vita difficile e spesso solitaria. Monsieur
Baudelaire sembrava aver capito subito che era stata
Madame Delatour a convocarlo per incontrarci alla
Torre Eiffel e si è avvicinato a noi con un senso di
familiarità.

D: Cosa pensa della critica?

R: Credo sinceramente che la critica migliore sia quella divertente e poetica; non quella freddamente matematica che, con il pretesto di spiegare tutto, non mostra né odio né amore e si libera volontariamente di ogni traccia di sentimento; ma piuttosto - poiché un bel quadro è la natura vista da un artista - quella critica che è il quadro visto da uno spirito sensibile e intelligente. Pertanto, il miglior articolo sulla pittura potrebbe essere un sonetto o un'elegia. Ma questo tipo di critica è destinato alle antologie di poesia e ai lettori di poesia.

Monsieur Baudelaire esitò, ci guardò brevemente e poi continuò:

I miei complimenti a voi due jeune filles per il vostro trucco. Il rosso e il nero simboleggiano la vita. Le linee nere danno profondità e stranezza alle vostre espressioni, e ai vostri occhi danno un aspetto più specifico di una finestra che si apre sull'infinito; il rouge, che colora i vostri zigomi alti, aumenta ancora di più la luce dei vostri bulbi oculari e aggiunge al bel viso di donna la misteriosa passione della sacerdotessa. (3)

D: Io e Madame Delatour arrossimmo e ridemmo come giovani scolarette quando chiedemmo a Monsieur Baudelaire dell'importanza del riso.

R: Il riso dei bambini è come lo sbocciare di un fiore. È la gioia di ricevere, la gioia di respirare, la gioia di aprirsi, la gioia di contemplare, di vivere, di crescere. È la gioia di una pianta. In generale, è più simile a un sorriso, qualcosa di analogo all'ondeggiare della coda dei cani o alle fusa dei gatti. Eppure, notate bene che se la risata dei bambini si differenzia ancora dalle espressioni di contentezza degli animali, è perché quella risata non è completamente priva di ambizione. (4)

D: Monsieur Baudelaire, le dispiacerebbe leggere per noi uno dei suoi racconti?

R: Vi propongo una storia con una morale. La storia di:

IL GIOCATTOLO DEL POVERO

Voglio trasmettere l'idea di un innocente svago. Ci sono così pochi passatempi che non sono biasimevoli. Quando uscite di casa al mattino, con la ferma intenzione di passeggiare per le strade principali, riempitevi le tasche di quelle piccole invenzioni poco costose, come il martinetto piatto che salta, manovrato da una sola corda, i fabbri che battono sull'incudine, il cavaliere con un cavallo la cui coda è un fischietto, - e offritele ai bambini trascurati e poveri che incontrate davanti ai ristoranti, dove si trovano vicino a un albero. Vedrete i loro occhi diventare smodatamente grandi. All'inizio non oseranno prendere nulla. Non credono alla loro fortuna. Poi le loro mani afferreranno avidamente il regalo e scapperanno come gatti che si allontanano da voi per mangiare il pezzo di cibo che gli avete dato. Questi bambini hanno imparato a non fidarsi dell'uomo.

Su una strada, dietro il cancello di ferro di un grande giardino in fondo al quale si vedeva il biancore di un bel castello illuminato dal sole, c'era una bella bambina dai capelli freschi, vestita con quegli abiti di campagna che hanno tanto di fastidioso.

Il lusso, la libertà dalle cure e l'abituale ostentazione di ricchezza rendono quei bambini così affascinanti che si potrebbero credere fatti di una sostanza diversa rispetto ai figli di una classe indistinta o povera.

Accanto a lui, sull'erba, giaceva un magnifico giocattolo, bello come il suo padrone, verniciato, dorato, vestito di una tunica viola e ricoperto di pennacchi e perline. Ma il bambino non stava prestando attenzione al suo giocattolo preferito. Ecco cosa stava guardando.

Dall'altra parte del cancello di ferro, sulla strada, in mezzo ai cardi e alle ortiche, c'era un altro bambino, sporco, fragile, sporco di fuliggine, uno di quei bambini-bambini di cui un occhio imparziale potrebbe scoprire la bellezza se, come l'occhio di un intenditore indovina l'ideale di un dipinto sotto una vernice per carrozzeria, pulisse il bambino dalla patina ripugnante della povertà.

Attraverso le sbarre simboliche che separano due mondi, la strada principale e il castello, il bambino povero mostrava il proprio giocattolo al bambino ricco, che lo esaminava avidamente come se fosse un oggetto raro e strano. Ora, questo giocattolo, che il piccolo straccione stava irritando scuotendo avanti e indietro una scatola di filo metallico, era un topo vivo! Mentre i due bambini ridevano fraternamente l'uno dell'altro, mostravano denti di un bianco simile. (5)

Madame Delatour e io avevamo il fiatone perché le lacrime ci scendevano sulle guance. Monsieur Baudelaire si commosse per la nostra commozione e iniziò a recitare una poesia:

L'ALBATROSS
Spesso, per divertimento, gli uomini dell'equipaggio
catturano gli albatri, enormi uccelli del mare,
che seguono, indolenti compagni di viaggio,
la nave che scivola sugli abissi salati.
Non appena li hanno posati sul ponte,
questi re del cielo, impacciati e vergognosi,
lasciano pietosamente che le loro grandi ali bianche
trascinano ai lati come remi.
Questo viaggiatore alato, com'è sgarbato e debole!
Un tempo così bello, com'è comico e brutto!
Un marinaio si irrita il becco con uno stelo di pipa,
e mima, zoppicando, l'invalido che un tempo
volava!
Il poeta è come il principe delle nuvole,
che infesta la tempesta e deride l'arciere;
Esiliato sulla terra in mezzo alla derisione,
Le sue ali giganti gli impediscono di camminare. (6)

Madame Delatour riuscì a ricomporsi, ma io riuscivo solo a immaginare quell'albatros solitario con la mia testa sul suo corpo.

D: Amava il teatro e, in particolare, il teatro?

R: Nell'infanzia e ancora oggi, la cosa più bella che ho trovato in un teatro è il lampadario - un bellissimo oggetto luminoso cristallino, complicato, circolare e simmetrico. In fondo, il lampadario mi è sempre sembrato l'attore principale, visto attraverso l'estremità grande o quella piccola dei bicchieri da opera. (7)

D: Lei adorava le opere di Edgar Allan Poe. Può spiegare cosa la incuriosiva della sua scrittura?

R: Con Poe, la parte introduttiva di ogni brano è attraente senza violenza, come un turbine. La sua solennità sorprende e mantiene vigile la mente del lettore. All'inizio si ha la sensazione che si tratti di qualcosa di serio. E lentamente, gradualmente, si dipana una storia il cui interesse dipende da un'impercettibile deviazione dell'intelletto, da un'ipotesi audace, da un dosaggio imprudente della Natura nell'amalgama delle facoltà. Il lettore, preso dalle vertigini, è costretto a seguire lo scrittore nella sua affascinante deduzione. (8)

Purtroppo il nastro finisce qui. Ricordo che Monsieur Baudelaire si afferrò lo stomaco e sbandò momentaneamente in avanti per poi diventare traslucido.

Il ritorno da dove era venuto sembrava essere un processo doloroso, al quale stava chiaramente resistendo. Monsieur Baudelaire aveva delle faccende in sospeso da sbrigare.

Si mosse verso il bordo della Torre Eiffel finché il vento non sollevò i suoi piedi da terra. Fu così trasportato oltre il bordo della torre e verso le nuvole. Piroettò, guardando intorno a sé mentre lanciava a Parigi una serie di baci appassionati. E poi scomparve.

Quando ora ripenso a quel momento, giuro di aver visto i baci prendere forma, fluttuare dalla cima della Torre, sempre più in basso, fino a quando la brezza li raccolse e li portò avanti, lungo la Senna, in mezzo alla folla, verso chissà dove.

Durante la discesa, Madame Delatour e io prendemmo l'ascensore. Questo fu il primo di molti incontri con scrittori leggendari dell'aldilà.

Dovete leggere le opere di Charles Baudelaire. Non ve ne pentirete! Confermo quanto segue:
Salon 1845/1946
Venere nera
I fiori del male
Carogna
Al lettore
Gatti
Sovracoperta
Venere bianca
Venere dagli occhi verdi

Paradisi artificiali
Milza di Parigi
Elevazione
Consacrazione
Luci guida
Anche quando cammina
Vino degli innamorati.

Au Revoir Mon Ami!
Cathy McGough
Il vostro intervistatore di scrittori leggendari dell'aldilà

LA CONCLUSIONE - NON

C ARI LETTORI,

purtroppo devo informarvi che le nostre "Interviste a scrittori leggendari dell'aldilà" sono terminate.

A coloro che sono stati forti sostenitori di questo libro fin dal suo inizio e che in precedenza ne hanno letto alcuni estratti quando era sotto forma di rubrica, vorrei parlare direttamente.

Molti di voi ci hanno scritto, telefonato, inviato e-mail e fax chiedendo perché nessuna scrittrice è stata inclusa in questo libro.

Prima di andare avanti, lasciate che vi assicuri, cari lettori, che ci ho provato.

A causa della natura piuttosto civettuola di Madame Delatour (per non parlare della sua condizione di single), aveva una forte inclinazione a contattare gli scrittori uomini leggendari dell'aldilà.

Dal momento che era lei al posto di guida (per così dire) ho accettato, un po' a malincuore, sperando di farle cambiare idea un giorno. Purtroppo, qualunque cosa dicessi o facessi, la signora non si sarebbe mossa di un millimetro.

Attualmente, Madame Delatour è in sciopero e sta cercando un organismo formale per negoziare le sue condizioni, cioè il Sindacato dei Medium/Psichici. Finora non esiste, ma ho la sensazione che potrebbe fondarne uno, se non accetto le sue condizioni.

Quali sono le sue condizioni, vi chiederete? Soldi, puri e semplici. Madame Delatour vede là fuori dei medium che non possiedono nemmeno lontanamente i poteri che possiede lei. Eppure guadagnano milioni di dollari ogni giorno in televisione. Madame Delatour vorrebbe una fetta di quella torta.

Vi ricordo che come intervistatrice non ricevo alcun compenso. Lo faccio solo per amore degli scrittori che riusciamo a contattare e intervistare. Basti dire che io e Madame Delatour troveremo una soluzione e, una volta trovata, forse faremo un'altra intervista (o due!).

Grazie per aver partecipato alle nostre interviste!

TA-TA PER ORA!
Cathy McGough (SCRITTO NEL 2004)

Il vostro intervistatore di scrittori leggendari dell'aldilà

UNA NUOVA INTERVISTA A VOLTAIRE NEL 2006

S TAMATTINA MI SONO SVEGLIATO e ho scoperto che Interviews With Legendary Writers From Beyond non era ancora stato realizzato. È sufficiente dire che io e Madame Delatour abbiamo trovato una soluzione dopo aver letto la seguente poesia, scritta da François-Marie Arouet de Voltaire dopo il devastante terremoto che colpì Lisbona nel giorno di Ognissanti del 1755 e che cancellò la vita di 30.000 persone in soli sei minuti.

Madame Delatour, dopo aver spiegato il recente disastro dello tsunami, ha acconsentito a un'intervista.

In attesa del suo arrivo, vorrei parlarvi di François-Marie Arouet de Voltaire, nato il 21 novembre 1694 a Parigi, in Francia. Monsieur Voltaire era un satirico che lottava contro l'establishment usando la sua penna come arma. La sua opera più famosa fu scritta nel 1759, "Candide", e viene ancora oggi rappresentata dal vivo nei teatri di tutto il mondo.

Voltaire visse fino a 84 anni (morì a Parigi il 30 maggio 1778) e fu il leader del Secolo dei Lumi. Non smise mai di scrivere, fino alla fine, e lasciò oltre 14.000 lettere e più di duemila libri e opuscoli. (1)

Madame Delatour mi informò che Monsieur Voltaire stava arrivando. Attesi il suo arrivo con grandi aspettative.

Pochi istanti dopo, quando mi venne incontro, fui immediatamente colpito dalla sua piccola statura. Indossava un cappotto rosso foderato di ermellino bianco, calze bianche e stivali neri con fibbie d'argento. La sua caratteristica più evidente era il sorriso con cui mi salutò. Poi mi abbracciò, come se fossimo vecchi amici, e iniziò subito la sua recita:

SUL DISASTRO DI LISBONA
(O un esame dell'assioma "Tutto va bene")
Infelici mortali! Terra oscura e in lutto!
Raduno spaventato del genere umano!
Eterno indugiare di un dolore inutile!
Venite, filosofi, che gridate: "Tutto va bene".
e contemplate questa rovina di mondo.

Osservate questi brandelli e ceneri della vostra razza,

Questo figlio e questa madre ammassati in un comune relitto,

Queste membra sparse sotto i fusti di marmo...

Centomila che la terra divora,

che, lacerati e insanguinati, palpitano ancora,

sono stati sepolti sotto i loro tetti ospitali,

in un tormento straziante terminano la loro vita.

A quei mormorii d'angoscia che si spengono,

a quello spaventoso spettacolo di dolore,

risponderete: "Non fate altro che illustrare

Le ferree leggi che incatenano la volontà di Dio"?

Dite, su quella massa di carne ancora tremante:

"Dio è vendicato: il salario del peccato è la morte"?

Quale crimine, quale peccato avevano concepito quei giovani cuori

che giacciono, sanguinanti e lacerati, sul seno della madre?

Lisbona, caduta in disgrazia, si è abbeverata di vizio più profondamente

di Londra, Parigi o della soleggiata Madrid?

In questi uomini si danza; a Lisbona sbadiglia l'abisso.

Tranquilli spettatori del naufragio dei vostri fratelli,

indifferenti a questa ripugnante danza della morte,

che cercano con calma la ragione di queste tempeste,

Lasciate che esse sferzino la vostra sicurezza;

Le vostre lacrime si mescoleranno liberamente al diluvio.

Quando la terra mostrerà le sue orride fauci semiaperte,

Il mio lamento è innocente, le mie grida sono giuste.

Circondato da tali crudeltà del destino,

dalla furia del male e dalle insidie della morte,

di fronte alla ferocia degli elementi,

condividendo i nostri mali, assecondate il mio lamento.

"È l'orgoglio", dite, "l'orgoglio del cuore ribelle,

pensare di poter fare meglio di quanto facciamo".

Andate a raccontarlo alle sponde del Tago colpite;

Cercate tra le rovine di quell'urto sanguinoso;

Chiedete ai moribondi in quella casa di dolore,

se è l'orgoglio che invoca l'aiuto del cielo

e la pietà per le sofferenze degli uomini.

"Tutto va bene", dite, "e tutto è necessario".

Pensate che questo universo sarebbe stato peggiore

senza questo abisso infernale in Portogallo?

Siete così sicuri che la grande causa eterna

che conosce tutte le cose e per se stessa crea,

non avrebbe potuto collocarci in questo clima tetro

senza che i vulcani si infiammassero sotto i nostri piedi?

Avete posto questo limite al potere supremo?

Gli proibireste di usare la sua clemenza?

Si prese un momento per riprendere fiato e bevve un sorso d'acqua prima di continuare:

Nei momenti difficili della nostra vita dolorosa
La mano del piacere asciuga le nostre lacrime;
Ma il piacere passa come un'ombra fugace,
e lascia un'eredità di dolore e perdita.
Il passato per noi è solo un affettuoso rimpianto,
Il presente è triste, se il futuro non è chiaro.
Se il pensiero deve finire nell'oscurità della tomba,
Un giorno tutto andrà bene, così spera la nostra speranza.

Tutto ora è bene, non è che un sogno ozioso.
I saggi mi ingannano: Solo Dio ha ragione.
Con un basso sospiro, soggetto al mio dolore,
non mi scaglio contro la Provvidenza.
Una volta ho cantato, in tono meno lugubre,
le vie soleggiate del geniale dominio del piacere;
I tempi sono cambiati e, con l'avanzare dell'età,
e condividendo la fragilità dell'uomo,
cercando una luce in mezzo alle tenebre sempre più profonde
Non posso che soffrire e non mi pento.
Una volta un califfo, quando era giunta la sua ultima ora,
ha rivolto a lui questa preghiera che ha venerato:
"A te, unico e onnipotente re, io porto
ciò che ti manca nella tua immensità.
Il male e l'ignoranza, l'angoscia e il peccato".

Avrebbe potuto aggiungere un'altra cosa: la speranza. (2)

Voltaire e io abbiamo pianto insieme per coloro che si sono persi, abbiamo fatto un momento di silenzio e poi è iniziata la nostra intervista.

D: Le piaceva la scuola?

R: Ho imparato il latino e il nonsense. Non ero come gli altri ragazzi, perché non mi univo a loro. I padri gesuiti del Collège Louis-le-Grand hanno fatto molti tentativi per convincermi. Io dicevo: ognuno deve buttarsi a modo suo. Ben presto mi lasciarono in pace. (3)

D: È allora che ha iniziato a scrivere?

R: Allora scrissi alcuni versi, versi che mostravano promesse e originalità di pensiero tali da attirare l'attenzione del mio insegnante. Uno in particolare, che mi detestava immensamente, mi disse: "Strega, un giorno sarai l'alfiere del deismo in Francia". Questa valutazione non ha aiutato la mia mancanza di popolarità nel cortile della scuola. (4)

D: Ha studiato legge dal 1711 al 13 e poi ha lavorato come segretaria dell'ambasciatore d'Olanda prima di decidere di dedicare la sua vita alla scrittura?

R: Ah, una decisione di cui non mi sono mai pentito. Ahimè, nel 1717 sono stato arrestato, ingiustamente aggiungerei, e mandato alla Bastiglia. È già abbastanza brutto essere arrestati e imprigionati, ma per un crimine che non avevo commesso! Sfruttai il tempo scrivendo la mia prima opera teatrale: "Oedipe". Cambiai il mio nome in Voltaire.

Quando undici mesi dopo fui rilasciato dal carcere, questa mia prima opera teatrale ricevette critiche entusiastiche quando fu messa in scena, a dimostrazione di come il lavoro possa salvarci da tre grandi mali: la noia, il vizio e il bisogno. (5)

D: Mi racconti com'è stato scrivere con la censura seduta come un avvoltoio sulla sua spalla?

R: Nel 1723 un editto stabiliva che: "Nessun editore o altro può stampare o ristampare, in qualsiasi parte del regno, alcun libro senza averne ottenuto il permesso in anticipo con lettere sigillate con il Gran Sigillo". I censori ufficiali dovevano testimoniare che il libro non conteneva nulla di contrario alla religione, all'ordine pubblico o alla sana moralità. I libri ritenuti illegali venivano bruciati; lo scrittore e lo stampatore venivano mandati in prigione.

Nel 1757 ci fu un attentato a Luigi XV. Si scatenò il caos e con esso un nuovo editto: "la morte è stata decretata per tutti coloro che saranno condannati per aver scritto o stampato opere destinate ad attaccare la religione, ad assalire l'autorità reale o a turbare l'ordine e la tranquillità del regno". Nel 1764 vennero esaminati libri, pamphlet e persino prefazioni. (6)

D: Come viveva sapendo di poter essere catturato in qualsiasi momento?

R: Vivevo per fuggire. Non c'era momento in cui non pensassi a come fuggire, a cosa avrei fatto se avessi saputo che mi stavano cercando. Per la maggior parte del tempo ho scritto in forma anonima.

D: Eppure sapevano che era lei?

R: Saperlo è una cosa, provarlo è un'altra! La vendita del mio lavoro era proibita; tuttavia il mio lavoro era richiesto. Io e altri scrittori mandavamo le opere a stampare ad Amsterdam, L'Aia e Ginevra. Veniva poi contrabbandata in Francia e ricercata. Da qui la lettera che scrissi ai funzionari nel giugno del 1733:

Poiché è in vostro potere, signore, rendere un qualche servizio alle lettere, vi imploro di non tarpare le ali dei nostri scrittori così strettamente, né di trasformare in uccelli da cortile coloro che, con un po' di fortuna, potrebbero diventare aquile; una ragionevole libertà permette alla mente di volare! (7)

D: Quando ha scritto le Lettere filosofiche?

R: Dopo essere stato esiliato, riuscii a stare lontano dai guai per tre anni e scrissi dei saggi sulla poesia epica e sulle guerre civili in Francia, che furono pubblicati nel 1727. Tornato in Francia, scrissi opere teatrali, poesie, trattati scientifici e divenni storiografo reale.

Le mie "Lettere filosofiche", in cui confrontavo il sistema di governo francese con quello inglese, mi misero nuovamente in difficoltà. Il mio libro fu vietato in Francia e dovetti fuggire. In Inghilterra divenne un best seller. (8)

D: Non è rimasto colpito da Shakespeare?

R: Shakespeare vantava un forte genio fecondo. Era naturale e sublime, ma non aveva una sola scintilla di buon gusto né conosceva una sola regola del dramma. Azzarderò ora una riflessione casuale, ma allo stesso tempo vera: il grande merito di questo poeta drammatico è stato la rovina del palcoscenico inglese. Ci sono scene così belle, così nobili, così terribili nelle mostruose farse di questo scrittore, a cui viene dato il nome di tragedia, che sono sempre state rappresentate con grande successo.

Il tempo, che solo dà fama agli scrittori, rende infine venerabili i loro stessi difetti. La maggior parte delle immagini capricciose e gigantesche di questo poeta, con il passare del tempo, hanno acquisito il diritto di passare per sublimi. La maggior parte degli scrittori drammatici moderni lo ha copiato: ma i tocchi e le descrizioni che sono applauditi in Shakespeare sono sibilati da questi scrittori; e si crederà facilmente che la venerazione in cui è tenuto questo autore aumenta in proporzione al disprezzo che viene mostrato ai moderni. Gli scrittori drammatici non ritengono di non doverlo imitare; e il cattivo successo degli imitatori di Shakespeare non produce altro effetto che quello di farlo considerare inimitabile.

I mostri splendenti di Shakespeare hanno infinito piacere più delle immagini giudiziose dei moderni. Finora il genio poetico degli inglesi assomiglia a un albero a cespi piantato dalla mano della Natura, che getta mille rami a caso e si diffonde in modo uguale, ma con grande vigore. Muore se si cerca di forzare la sua natura, di tagliarlo e di vestirlo come gli alberi del Giardino di Marli. (9)

D: Forse un problema di traduzione?

R: Non ridiamo quando leggiamo una traduzione. Se avete intenzione di capire la commedia inglese, l'unico modo per farlo è andare in Inghilterra, passare tre anni a Londra, impadronirvi della lingua inglese e frequentare ogni sera il teatro. Non ricevo molto piacere dalla lettura di Aristofane e Plauto, e per questo motivo non sono né greco né romano. La delicatezza dell'umorismo, l'allusione, l'azzardo - tutto questo è perso per uno straniero.

Non c'è niente di più facile che esporre in prosa tutte le sciocche impertinenze che un poeta può aver buttato fuori; ma è un compito molto difficile tradurre i suoi bei versi. (10)

D: Che ruolo ha l'immaginazione nello scrivere poesie?

R: Nella poesia deve prevalere soprattutto l'immaginazione dei dettagli e dell'espressione. È sempre piacevole, ma in questo caso è necessaria.

In Omero, Virgilio e Orazio, quasi tutto è immaginario, senza che il lettore lo percepisca. La tragedia richiede meno immagini, meno espressioni pittoresche e metafore e allegorie sublimi rispetto al poema epico e all'ode; ma la maggior parte di queste bellezze, sotto una gestione discreta e abile, producono un effetto ammirevole nella tragedia; non dovrebbero mai, tuttavia, essere forzate, stucchevoli o gigantesche.

L'immaginazione attiva, che costituisce i poeti, conferisce loro l'entusiasmo, secondo il vero significato della parola greca, quell'emozione interna che in realtà agita la mente e trasforma l'autore nel personaggio che presenta come oratore; perché questo è il vero entusiasmo, che consiste nell'emozione e nell'immaginazione. Un autore sotto questa influenza dice esattamente ciò che verrebbe detto dal personaggio che sta rappresentando.

Nell'eloquenza è ammessa meno immaginazione che nella poesia. La ragione è ovvia: il discorso ordinario dovrebbe essere meno lontano dalle idee comuni. L'oratore parla la lingua di tutti; il fondamento della performance del poeta è la finzione. Di conseguenza, l'immaginazione è l'essenza della sua arte; per l'oratore è solo un accessorio. (11)

D: Monsieur Voltaire, il nostro tempo sta rapidamente per finire. Ha pensato a qualche altro consiglio che vorrebbe trasmettere agli scrittori del futuro?

R: Devo darvi una piccola regola infallibile per i versi? Eccola. Quando un pensiero è giusto e nobile, resta ancora qualcosa da fare con esso: vedete se il modo in cui l'avete espresso in versi sarebbe efficace anche in prosa; e se il vostro verso, senza l'oscillazione della rima, vi sembra avere una parola di troppo, se c'è il minimo difetto nella costruzione, se è stata dimenticata una congiunzione, se, in breve, non è stata usata la parola giusta o non è stata usata nel posto giusto, dovete concludere che il gioiello del vostro pensiero non è ben incastonato. Siate certi che i versi che presentano uno di questi difetti non saranno mai imparati a memoria e non saranno mai riletti: e gli unici versi buoni sono quelli che si leggono e si ricordano, nonostante se stessi. Nella sua "Epistola" ce ne sono molti di questo tipo: versi che nessun altro della mia generazione potrebbe scrivere alla sua età e che sono stati scritti cinquant'anni fa. (12)

D: Qualche consiglio per l'uomo in generale?

R: Metti due uomini sul globo, ed essi chiameranno buono, giusto, equo solo ciò che sarà bene per entrambi. Mettetene quattro, e considereranno virtuoso solo ciò che conviene a tutti loro; e se uno dei quattro mangia la cena del suo vicino, o lo combatte o lo uccide, certamente solleverà gli altri contro di lui. E ciò che è vero per questi quattro uomini è vero per l'universo. (13)

Insegnate dunque agli uomini a non perseguitare gli uomini, perché, mentre qualche bigotto brucia qualche fanatico, la terra si apre e inghiotte tutti allo stesso modo. (14)

Proprio così, Monsieur Voltaire fu inghiottito e tornò da dove era venuto. Ho considerato lo stato del mondo di oggi e, rattristato dalla nostra mancanza di progresso, ho letto ad alta voce la seguente poesia:

DALL'AMORE ALL'AMICIZIA
Se vuoi che io ami ancora una volta,
l'età beata dell'amore ripristina;
Dalle libere gioie del vino e dalle preoccupazioni
degli amanti,
Dal tempo implacabile, che nessuno risparmia,
mi spinge a ritirarmi in fretta,
e non aspirare più a tale beatitudine.
Da tale austerità esige,
Se possiamo, estraiamo un po' di bene;
Il cui modo di pensare con questa età
non si adatta, non può mai essere considerato un
saggio.
Che l'arzilla giovinezza sia allegra, che le sue follie
siano amabili,
le sue follie siano amabilmente mostrate;
La vita è limitata a due momenti,
che uno sia consegnato alla saggezza.
Voi, dolci illusioni della mia mente,
ancora alla mia passione dominante,
che ha sempre portato un sicuro sollievo
alla compagna più accurata della vita, il dolore.
Volete allontanarvi per sempre da me?
e io dovrò morire senza gioia e senza amici?
Nessun mortale rinuncia mai al proprio respiro
vedo, senza una doppia morte;
Chi ama e non è più amato,
il suo destino sfortunato può ben deplorare;

La perdita della vita può essere facilmente sopportata,

L'uomo privo di amore è abbandonato.

È così che mi sono pentito di quei piaceri

di cui spesso mi sono pentito in gioventù;

L'anima mia era piena di teneri desideri,

rimpiangeva invano il fuoco giovanile.

Ma allora l'amicizia, fanciulla celeste,

dal cielo scese in mio aiuto;

Meno vivace della fiamma amorosa,

anche se la sua tenerezza è la stessa.

Ammirai il fascino dell'amicizia,

La mia anima si accese di nuova bellezza;

Allora mi sono fatto una persona al seguito dell'amicizia,

ma priva di amore, mi lamento. (15)

Vale la pena di leggere l'intera raccolta di Monsieur Voltaire, ma date un'occhiata a queste e presto ne vorrete altre!

Dizionario filosofico

Candide

Micromega

Alla regina d'Ungheria

Zadig

L'Ingenu

Il lucchetto

Il tempio dell'amicizia

Nell'accampamento davanti a Philippsburg, 3 luglio 1734

Sulla morte di Adrienne Lecourvreur, celebre attrice
Il toro bianco
Le lettere inglesi
Il filosofo ignorante
L'Henriade: Un poema
Saggi critici sulla poesia drammatica
Lettere di M. de Voltaire agli amici
A una signora molto nota a tutta la città
Azolano
Dall'amore all'amicizia.

Adieu!
Cathy McGough
Il vostro intervistatore di scrittori leggendari dell'aldilà

SULL'AUTORE:

La pluripremiata autrice Cathy McGough
vive e scrive in Ontario, Canada,
con il marito, il figlio, i due gatti e il cane.

ANCHE DA:

FICTION: Il segreto di Ribby
+ Libri per bambini e giovani adulti

REFERENZE

INTRODUZIONE

(1)
The Pilgrim's Progress, The Religious Tract Society, Bouverie St. e 65 St.
Paul's Churchyard, 1913.

CAPITOLO I
(1)
Come vi piace, Hodder and Stoughton, senza data.
(2)
Testo della canzone di Jim Morrison, L.A. Woman, 1971.
(3)
Testo di una canzone di Jim Morrison, Waiting for the Sun, 1968.
(4)
Les Fleurs du Mal, The Casanova Society, Londra, 1925.

CAPITOLO II

(1)

One Hundred and One Famous Poems, The Cable Company, Chicago, Illinois, 1924.

(2)

Tennyson, English Men of Letters, Macmillan, 1910.

(3)

Alfred, Lord Tennyson Letters, Toronto: Macmillan Company of Canada, 1929.

(4)

Ibidem

(5)

Bibliographies of Twelve Victorian Authors, The H.W. Wilson Comp., New York,

1936.

(6)

Tennyson, English Men of Letters, Macmillan, 1910.

(7)

Ibidem

(8)

One Hundred and One Famous Poems, The Cable Company, Chicago, Illinois, 1924.

(9)

An American Anthology, Houghton, Mifflin and Company, The Riverside Press,

Cambridge, 1900. .

(10)

Poesia e prosa britannica, terza edizione, volume II, Houghton Mifflin Company,

Boston. 1938.

(11)

Testo della canzone di Bono, All That You Can't Leave Behind, 2000.

(12)

Days With The Poets, Londra, Hodder & Stoughton, Percy Lund, Humphries

& Co. Ltd. Copia non datata.

(13)

Ibidem

CAPITOLO III

(1)

An American Anthology, Houghton, Mifflin and Company, The Riverside Press,

Cambridge, 1900.

(2-5)

Edgar Allan Poe, Lettere fino ad ora inedite, Lippincott, Philadelphia, 1925.

(6)

One Hundred and One Famous Poems, The Cable Company, Chicago, Illinois, 1924.

(7)

Edgar Allan Poe, Lettere fino ad ora inedite, Lippincott, Filadelfia, 1925.

(8)

Ibidem

(9)

One Hundred and One Famous Poems, The Cable Company, Chicago, Illinois, 1924.

(10)

An American Anthology, Houghton, Mifflin and Company, The Riverside Press,

Cambridge, 1900.

(11)

Ibidem.

CAPITOLO IV

(1)

British Poetry and Prose, Third Edition, Volume II, Houghton Mifflin Company,

Boston. 1938.

(2)

Ibidem

(3)

Shelley in Inghilterra: New Facts and Letters from the Shelley-Whitton Papers,

1917.

(4-6)

Days With The Poets, London Hodder & Stoughton, Percy Lund, Humphries &

Co. Ltd. Copia non datata.

(7)

I poeti inglesi in immagini, Penns In The Rocks Press, William Collins di

Londra, 1941.

(8)

Ibidem

(9)

Days With The Poets, London, Hodder and Stoughton, Percy Lund, Humphries &

Co. Ltd. Copia non datata.

(10)

Ibidem

(11)

British Poetry and Prose, Third Edition, Volume II, Houghton Mifflin Company,

Boston. 1938.

(12)

Una difesa della poesia, P. B. Shelley, 1840.

(13)

Le lettere di Percy Bysshe Shelley, Bodley Head, 1929.

(14)

An Anthology of World Poetry, Cassell and Company Ltd., 1929.

(15)

Ibidem

(16)

Saggi e lettere di Percy Bysshe Shelley, Rhys, Ernest, senza data.

(17)

British Poetry and Prose, Third Edition, Volume II, Houghton Mifflin Company,

Boston. 1938.

(18)

Le lettere di Percy Bysshe Shelley, Bodley Head, 1929.

(19)

Ibidem

(20)

Una difesa della poesia, P. B. Shelley, 1840.

(21)

British Poetry and Prose, Third Edition, Volume II, Houghton Mifflin Company,
Boston. 1938.

CAPITOLO V

(1)

'No Thoroughfare', numero natalizio di All The Year Round, 3 dicembre 1867

(2)

Prefazione a My Lady's Money, Alan Sutton Publishing Company, 1890.

(3)

Wilkie Collins, giugno 1870, prefazione a "Man and Wife" Peter Fenolon Collier,
Pub. Senza data.

(4-7)

Introduzione a "Hide and Seek", Oxford University Press, Londra, senza data.

(8)

Prefazione alla prima edizione de "La pietra di luna", 1868.

(9)

Ibidem

(10-12)

"No Name" Harper and Brothers, New York, 1873.

(13)

Little Novels, Chatto and Windus, Piccadilly, Londra, 1887.

(14)

"L'eredità di Caino", Donohue; Henneberry & Co., Chicago, edizione senza data.

(15)

From Sea to Sea and Other Sketches, Letters of Travel, Vol. 1, Doubleday, Page

and Co., New York, 1925.

(16)

Little Novels, Chatto and Windus, Piccadilly, Londra, 1887.

CAPITOLO VI

(1)

Memoir of Robert Burns, Frederick Warne and Co., Bedford Street, Strand,

Londra, senza data

(2)

I "Chandos Classics", The Poetical Works of Robert Burns, Frederick Warne and Co.

Co., Bedford Street, Strand, Londra, edizione non datata.

(3)

Memoir of Robert Burns, Frederick Warne and Co., Bedford Street, Strand,

Londra, datato

(4-15)

I "Chandos Classics", The Poetical Works of Robert Burns, Frederick Warne and Co.

Co., Bedford Street, Strand, Londra, edizione non datata.

CAPITOLO VII

(1)

Lettere di Mark Twain, Harper, New York, 1917.

(2)

Paine, Albert Bigelow. Mark Twain: A Biography (New York: Harper &

Brothers, 1912).

(3)

Following The Equator, American Publishing Co., 1897.

(4)

Ibidem

(5)

Le avventure di Tom Sawyer, Grosset & Dunlap, 1920.

(6)

Gli innocenti all'estero, H. H. Bancroft & American Pub. Co., San Francisco,

e Hartford, 1869

(7)

Lettere di Mark Twain, Chatto & Windus, Londra, 1920.

(8)

Pudd'n'head Wilson, Chatto & Windus, 1926.

(9)

Ibidem

(10)

Mark Twain scrisse questo testo nel 1905, ma fu pubblicato solo dopo la sua morte.

Apparve su Harper's Monthly, novembre 1916. La stessa rivista l'aveva rifiutata

precedentemente.

(11)

Lettera di Twain a D. W. Bowser, 20/3/1880

(12)

Connecticut Yankee in King Arthur's Court, N.Y. Pocketbooks, 1948.

(13)

Lettere di Mark Twain, Chatto & Windus, Londra, 1920.

(14)

La celebre rana saltatrice della contea di Calaveras e altri schizzi, C. H. Webb,

1867.

(15)

Lettera a D.W. Bowser, 20 marzo 1880.

(16)

Harpers Monthly Magazine, 1909.

CAPITOLO VIII

(1)

Un giorno con Samuel Taylor Coleridge, Hodder and Stoughton, Londra, 1885.

(2)

Ibidem

(3)

The Rime of the Ancient Mariner and Other Poems, Houghton Mifflin and Company,

Boston, 1931.

(4)

A Day with Samuel Taylor Coleridge, Hodder and Stoughton, Londra, 1885.

(5)

Ibidem

(6)

Ibidem

(7)

Samuel Taylor Coleridge, Letters, Conversations and Recollections, Harper &

Bros., 1836.

(8)

A Day with Samuel Taylor Coleridge, Hodder and Stoughton, Londra, 1885.

(9)

Charles Lamb e i Lloyds: Lettere recentemente scoperte di Lamb, Coleridge, The Lloyds.

Lloyds. Phila: Lippincott, 1899.

(10)

The Rime of the Ancient Mariner e altre poesie, Houghton Mifflin and Company,

Boston, 1931.

(11)

Ibidem

(12)

Ibidem

(13)

A Day with Samuel Taylor Coleridge, Hodder and Stoughton, Londra, 1855.

CAPITOLO IX

(1) Gli scritti di Nathaniel Hawthorne.

Boston e New York: Houghton, Mifflin and Company, 1900.

(2)

Prefazione alla Lettera scarlatta, Ticknor, Reed and Fields, Boston, 1850.

(3-8)

Famous American Authors, Vail-Ballou Press, Inc., Binghamton, New York, 1933.

(9)

Biografie viventi di grandi romanzieri, Garden City Publishing Co. 1943.

(10)

Ibidem

(11)

Biografie viventi di grandi romanzieri, Garden City Publishing Co. 1943

(12)

Ibidem

(13)

Famosi autori americani, Vail-Ballou Press, Inc., Binghamton, New York, 1933

(14)

Ibidem

(15-19)

Prefazione alla Lettera scarlatta, Ticknor, Reed and Fields, Boston: 1850.

(20-22)

Quaderni inglesi, Cambridge: Houghton, Mifflin and Company, 1889.

(23-26)

Prefazione a The Blithedale Romance, E.P. Dutton & Co., 1925.

(27)

Passaggi dai Quaderni inglesi di Nathaniel Hawthorne (1870)

(28)

Ibidem

(29)

La lettera scarlatta, Ticknor, Reed and Fields, Boston: 1850

(30)

Gli scritti di Nathaniel Hawthorne. Boston e New York: Houghton, Mifflin and Company, 1900.

Company, 1900

CAPITOLO X

(1)

Stephen Leacock, Hellements of Hickonomics in Hiccoughs of Verse Done in our

Social Planning Mill (New York: Dodd, Mead, 1936

(2)

"Insegnare a scuola" The Boy I Left Behind Me, Doubleday, 1946.

(3)

Ibidem

(4)

Ibidem

(5)

Stephen Leacock, Hellements of Hickonomics in Hiccoughs of Verse Done in our

Social Planning Mill (New York: Dodd, Mead, 1936

(6)

La mia carriera finanziaria. Lacune letterarie: Un libro di schizzi. Montreal: Gazette

Printing Co., 1910.

(7-14)

"Insegnare a scuola" Il ragazzo che ho lasciato dietro di me, Doubleday, 1946.

(15-17)

La mia scoperta dell'Inghilterra: Dodd, Mead & Co. 1922.Ibidem

CAPITOLO XI

(1)

It Can Be Done, Poems of Inspiration, The Ryerson Press, Toronto, 1926.

(2-5)

Something of Myself (For My Friends Known and Unknown), Doubleday, Doran & Co.

Co. Inc., 1937.

(6)

American Notes, Henry Altemus, Philadelphia, 1899.

(7)

Ibidem

(8)

Rudyard Kipling's Verse, Hodder and Stoughton, Londra, 1928

(9)

A Diversity of Creatures, Letters of Travel 1892-1913, Doubleday, Page and Co,

New York, 1925.

(10-12)

A Book of Words, discorso alla cena della Royal Academy, maggio 1906.

(13)

Something of Myself (For My Friends Known and Unknown), Doubleday, Doran & Co.

Co. Inc., 1937

(14)

Ibidem

(15)

From Sea to Sea and Other Sketches, Letters of Travel, Vol. 1, Doubleday, Page

and Co., New York, 1925.

CAPITOLO XII

(1)

David Copperfield, Classici scolastici Collins illustrati, non datato.

(2)

Ibidem

(3)

Racconto di due città, New York: The MacMillan Company, 1921.

(4)

Le lettere inedite di Charles Dickens, Halton & Truscott Smith,

Londra, 1927.

(5)

Le lettere di Charles Dickens, Chapman and Hall, Londra, 1880-82.

(6)

La vita di Charles Dickens, T. B. Peterson & Brothers, Filadelfia, 1870.

(7-9)

Oliver Twist, F. M. Lupton, New York, 1895.

10)

David Copperfield, Classici scolastici Collins illustrati, senza data.

(11)

Ibidem

(12)

Racconto di due città, New York: The MacMillan Company, 1921.

(13-15)

American Notes for General Circulation, Chapman & Hall, Londra, 1910.

(16)

Lettere e discorsi di Charles Dickens, Chapman & Hall, Londra, 1929.

(17)

Heart Throbs in Prose and Verse, Chappel Publishing Co. Ltd., 1905

(18)

Lettere e discorsi di Charles Dickens, Chapman & Hall, Londra, 1929.

CAPITOLO XIII

(1)

Lettere e ricordi di Dostoevskij, S. S. Koteliansky e J. Middleton Murry

traduttori. Londra, Chatto and Windus, 1923.

(2)

Ibidem

(3)

Note dal sottosuolo, I romanzi brevi di Dostoevskij, Dial Press, 1945

(4)

New Dostoevsky Letters, The Mandrake Press, Londra, edizione senza data.

(5-8)

Dostoevskij: A New Biography, Houghton Mifflin and Co., 1931.

(9)

L'insultato e l'umiliato, Prefazione, Moscow Publishers, Mosca, 1957.

(10)

Dostoevskij: Letters and Reminiscences, Chatto and Windus, 1923.

(11)

Il posseduto: The Heritage Press, New York, 1936.

(12)

Note dal sottosuolo, I romanzi brevi di Dostoevskij, Dial Press, 1945.

(13)

Lettere e ricordi, Alfred A. Knopf, New York, 1923.

(14)

Fëdor Dostoevskij. Harrison di Parigi, 1931.

(15)

New Dostoevsky Letters, The Mandrake Press, Londra, edizione senza data.

(16)

Fëdor Dostoevskij, SCM Press, Londra, 1948.

(17)

New Dostoevsky Letters, The Mandrake Press, Londra, edizione non datata.

(18)

Dostoevskij: A New Biography, Houghton Mifflin and Co., 1931.

(19)

Discorso di Dostoevskij tenuto alla Società degli Amici della Letteratura Russa, Agosto

1880. Registrato nel Diario di uno scrittore.

(20)

Il mite, L'eterno marito e altri racconti, Macmillan, New York, 1923.

CAPITOLO XIV

(1)

John Keats, Opere poetiche e lettere complete, Houghton Mifflin, Boston,

1899.

(2-4)

John Keats, La sua vita e la sua poesia, Macmillan and Co. Ltd., 1917

(5)

Lettere di John Keats, Macmillan and Company, Londra, 1891.

(6)

John Keats the Complete Poetical Works and Letters, Houghton Mifflin, Boston,

1899.

(7-8)

Life, Letters and Literary Remains of John Keats, Edward Moxton, Londra, 1848.

(9)

John Keats His Life and Poetry, Macmillan and Co. Ltd., 1917

(10)

Lettere di John Keats, 1817

(11)

John Keats: la sua vita e la sua poesia, Macmillan and Co. Ltd., 1917

(12)

John Keats, Opere poetiche e lettere complete, Houghton Mifflin, Boston,

1899

(13)

Ibidem

(14)

John Keats His Life and Poetry, Macmillan and Co. Ltd., 1917

(15)

John Keats the Complete Poetical Works and Letters, Houghton Mifflin, Boston,

1899.

(16)

John Keats the Letters and Papers, Bodley Head, 1914.

(17)

John Keats, La sua vita e la sua poesia, Macmillan and Co. Ltd., 1917

(18)

Selezioni di letteratura inglese, The Copp Clark and Co. Ltd., 1929.

(19)

Vita, lettere e resti letterari di John Keats, Edward Moxton, Londra, 1848.

(20)

John Keats the Complete Poetical Works and Letters, Houghton Mifflin, Boston,

1899.

(21)

Ibidem

CAPITOLO XV

(1)

Prestiti, Dodge Publishing Company, New York, 1899.

(2)

Case di poeti, D. Lothrop Company, Boston, 1879.

(3)

Prefazione a Evangeline, Thomas Y Crowell and Co., New York e Boston, 1899.

(4-6)

Through the Year With Longfellow, De Wolfe, Fiske and Co., Boston, 1900.

(7)

Poets' Homes, D. Lothrop Company, Boston, 1879.

(8)

Longfellow giorno per giorno, Crowell, New York, 1906.

(9)

Ibidem

(10)

Antologia americana, Houghton, Mifflin

e

Company, The Riverside Press, Cambridge, 1900.

(11)

Heart Throbs in Prose and Verse, Chapple Publishing Company Ltd., Boston,

Mass., 1905.

(12)

Longfellow Day By Day, Crowell, New York, 1906.

(13)

Poets' Homes, D. Lothrop Company, Boston, 1879.

(14)

Borrowings, Dodge Publishing Company, N.Y., 1889.

(15)

Case di poeti, D. Lothrop Company, Boston, 1879.

CAPITOLO XVI

(1)

A. B. "Banjo" Paterson, A Book of Verse, Angus and Robertson, Australia, 1990.

(2-4)

Happy Dispatches di A. B. Banjo Paterson, Lansdowne Press, 1934.

(5)

Reminiscenze, Sydney Morning Herald, febbraio/marzo 1939.

(6)

Ibidem

(7)

Introduzione al Penguin Book of Australian Ballads.

(8)

The complete Poetry of A. B. "Banjo" Paterson, Harper Collins Publishers,
Australia, 1997.
(9)
Guardando indietro, Sydney Morning Herald, 1941.
(10-12)
La magia dei versi, Angus and Robertson Ltd., 1970

CAPITOLO XVII
(1)
Henry David Thoreau, Poesie inedite, Bibliophile Society, Boston, 1907
(2-5)
Walden, Ticknor & Fields, Boston, 1854
(6)
Henry David Thoreau, Poesie inedite, Bibliophile Society, Boston, 1907.
(7-10)
Walden, Ticknor & Fields, Boston, 1854
(11-14)
Sul dovere della disobbedienza civile, parte 2.
(15)
Walden, Ticknor & Fields, Boston, 1854.
(16)
Ibidem
(17)
An Anthology of World Poetry, Cassell and Company Ltd., 1929.
(18)

Walden, Ticknor & Fields, Boston, 1854.
(18)
Ibidem

CAPITOLO XVIII
(1)
Lettere e diari di Lord Byron, John Murray, Londra, 1833.
(2)
Lettere di George Gordon Byron, lettera a William Bankes, Southwell, 6 marzo 1807.
6, 1807.
(3)
Selezioni di letteratura inglese, The Copp Clark and Co. Ltd., 1929.
(4)
Annotazione del diario di Lord Byron, 14 novembre 1813.
(5)
Lettera di Byron a John Murray, Riavennia, 30 luglio 1821.
(6)
Lettera di Byron a Thomas Moore, Pisa, 4 marzo 1822
(7)
Lettere e diari di Lord Byron, John Murray, Londra, 1833
(8)

Diario di Lord Byron, annotazione del 17 novembre 1813.

(9)

Poesia di Byron, Macmillan, Londra, 1881.

(10)

Lord Byron's Select Works, Charles Daly, Londra, 1836.

(11)

Introduzione a Childe Harold, Londra: Macmillan, 1904

(12)

Ibidem

(13)

Un giorno con Byron, Hodder and Stoughton Ltd., senza data

(14)

Diario di Lord Byron, 14 novembre 1813.

(15)

Poetry of Byron, Macmillan, Londra, 1881.

(16)

Diario di Lord Byron, 14 novembre 1813.

(17)

Diario di Lord Byron, annotazione del 17 novembre 1813.

(18)

Lettera di Lord Byron a James Hogg, Albany, 24 marzo 1814.

(19)

Diario di Lord Byron, annotazione del 15 ottobre 1821.

(20-22)

Lettere e diari di Lord Byron, John Murray, Londra, 1833.

(23)

Childe Harold, Londra: Macmillan, 1904

(24-26)

Introduzione a Childe Harold, Londra: Macmillan, 1904

(27)

Annotazione sul diario di Lord Byron, 17 marzo 1814

(28)

A Day With Byron, Hodder and Stoughton Ltd., senza data.

(29)

Ibidem

(30)

Lord Byron's Select Works, Charles Daly, Londra, 1836.

CAPITOLO XIX

(1-8)

Les Fleurs du Mal, The Casanova Society, Londra, 1925.

CAPITOLO XXI

(1)

Il migliore dei mondi possibili: romanzi e racconti di Voltaire, Vanguard Press

New York 1929

(2)

La tolleranza e altri saggi di Voltaire. Tradotto, con un'introduzione, da

Joseph McCabe (New York: G.P. Putnam's Sons, 1912).

(3)

Il migliore dei mondi possibili: romanzi e racconti di Voltaire, Vanguard Press

New York 1929

(4)

Ibidem

(5)

Darrow, Clarence S. Voltaire. Una conferenza, [Girard, Kansas: Haldeman-Julius.

1925.

(6)

Voltaire Gli scritti di Voltaire NY: Wm.H. Wise, 1931

(7)

Il meglio di tutti i mondi possibili: romanzi e racconti di Voltaire, Vanguard Press

New York 1929

(8)

Darrow, Clarence S. Voltaire. Una conferenza. [N. 829 della serie "Little Blue Book"] Girard, Kansas.

serie] Girard, Kansas: Haldeman-Julius. 1925.

(9)

Lettere sulla nazione inglese. Westminster Press Londra 1926

(10)

Darrow, Clarence S. Voltaire. Una conferenza, Girard, Kansas: Haldeman-Julius. 1925.

(11)

Ibidem

(12-14)

Darrow, Clarence S. Voltaire. Una conferenza, Girard, Kansas: Haldeman-Julius. 1925.

(15)

Opere scelte di Voltaire, Watts and Co 1935.